Yvan Attal

Le Brio

Carnet de visionnage
von Lena Holländer und
Annemarie Mensch

Alles Digitale zu diesem Buch kann auf der Lernplattform **allango** von Ernst Klett Sprachen abgerufen werden. So geht's:

QR-Code scannen oder **www.allango.net** aufrufen | Buchtitel oder ISBN in der Suche eingeben und auf das Buchcover klicken | Zu Inhalt navigieren, direkt abrufen oder speichern

Dieses Symbol bedeutet, dass zu einem Buch-Abschnitt ein digitaler Inhalt verfügbar ist.

Ernst Klett Sprachen
Stuttgart

Vocabulaire

Stratégies

Verzeichnis der verfügbaren Filmsequenzen

Zugang zu den Filmsequenzen und weiteren digitalen Materialien

Die Filmsequenzen und anderes weiterführendes Material können Sie auf **www.allango.net** abrufen (siehe dazu auch S. 1 dieses Heftes).

Um die Filmsequenzen streamen zu können, geben Sie bitte den Code **b2cdv3** ein.

Liebe Schülerinnen und Schüler,

in Ihrem alltäglichen Leben sehen Sie sich sicher häufig Videos oder Serien an und sicherlich haben Sie auch Interesse an Spielfilmen, welche es ermöglichen, in ganz neue Lebenswelten einzutauchen. Doch wie häufig sehen Sie sich einen französischen Film an? Vielleicht haben Sie auch Respekt vor einem Film in französischer Sprache, da Sie sich fragen, ob Sie den Film verstehen können. Vielleicht fühlen Sie sich mit englischen Filmen oder Videos vertrauter.

Während des Erlernens der französischen Sprache fehlt es häufig, anders als im Englischen, außerhalb der Schule an regelmäßigem Sprachkontakt mit authentischen Sprechern. Daher ist es umso wichtiger, dass Sie im Französischunterricht die Möglichkeit haben, mit authentischen Hörmaterialien in Kontakt zu treten. Mithilfe authentischer Materialien können Sie einerseits in ein französisches Sprachbad und die Welt französischer Jugendlicher eintauchen, andererseits werden Sie aber auch für gesellschaftlich relevante Themen in Frankreich sensibilisiert.

Im Film *Le Brio* werden genau solche gesellschaftlich relevanten Themen behandelt, indem eine junge Frau auf ihrem Lebensweg begleitet wird. Diese hat im Laufe des Films mit einigen Hürden zu kämpfen.

Um Ihnen ein Kinoerlebnis zu bereiten, wird der Film zunächst als Gesamtwerk angesehen, bevor dann einzelne Szenen vertieft behandelt werden, die Ihnen online zum streamen zur Verfügung stehen (siehe Seite 3).

Dieses Heft soll Sie bei der Arbeit mit dem Film begleiten und Sie unterstützen, die zentralen Aspekte des Films zu dokumentieren und analysieren, um so auch Ihre Hör- und Sehverstehenskompetenz zu fördern. Mithilfe von verschiedenen Aufgabenstellungen und kreativen Arbeitsaufträgen soll Ihre Beobachtungsgabe geschult werden, sodass Sie Ihre Kompetenzen in der Filmanalyse ebenfalls stetig weiterentwickeln können.

Durch analysierende und kreative Schreibaufträge werden Sie ideal auf Klausuren und auch auf das Abitur vorbereitet.

Wir wünschen Ihnen viel Spaß bei der Erarbeitung des Films mit diesem Heft, eine abwechslungsreiche Abiturvorbereitung und ein erfolgreiches Abitur.

Module 1 : Avant le visionnage

1.1. Parler de films

Répondez aux questions suivantes.

 Quel est le titre du dernier film que vous avez regardé ? Comment avez-vous trouvé ce film ?	Quel est votre film préféré ? Pourquoi ? 
Quel est votre acteur préféré / actrice préférée ? Pourquoi ?	 À votre avis, quels sont les critères d'un bon film ? Pourquoi ?
Quel est votre genre de film préféré ? Pourquoi ? 	À votre avis, quels traits de caractères devrait-avcir le / la protagoniste pour que vous veuillez regarder le film ?

1.2. Faire le profil de la protagoniste

→ **Vocabulaire : parler des relations inter-personnelles (p. 54)**
→ **Stratégies : faire le portrait d'un personnage (p. 74)**

Avant de commencer le scénario d'un film, les scénaristes créent des profils complexes et nuancés des protagonistes pour pouvoir construire une intrigue intéressante autour d'eux. Le scénariste doit donc inventer des personnages avec plus d'informations que celles qui sont dans le film.
Dans ce contexte, on parle de profil qui est plus riche en informations qu'un portrait d'un personnage.

Mettez-vous dans la position du scénariste et créez le profil de la jeune femme sur la photo. Les mots-clés suivants peuvent vous guider.

Son milieu social

Sa vie active

Son nom

L'époque

Son domicile

Sa famille

Ses origines

Son apparence physique

Son caractère

Les influences culturelles

Son éducation

....

....

....

....

....

....

....

....

....

....

1.3. L'affiche du film

1. Quels indices trouvez-vous sur l'affiche ?

→ Vocabulaire : parler d'un film, (p. 53)
parler des relations interpersonnelles (p. 55)

a) Le titre :

....

b) Les acteurs :

....

....

....

c) Le réalisateur :

....

2. Décrivez et analysez l'affiche du film.

→ Stratégies : décrire une image (p. 75)
→ Vocabulaire : parler d'un film (p. 53)

a) Les plans, le lieu et la perspective de la caméra avec son effet :

....

....

....

....

....

....

....

....

....

....

....

b) Les personnages :

....

....

....

....

....

....

3. *Faites des hypothèses sur…*

a) … les relations entre les personnages

....

....

....

....

....

....

b) … les sujets traités dans le film :

....

....

....

....

....

....

1.4. La bande-annonce

1a) *Regardez la bande-annonce du film* Le Brio *et associez les phrases suivantes aux personnages qui les prononcent.* 

« Je jure de dire la vérité, même si je mens comme je respire. »

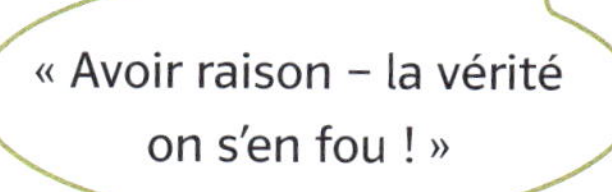

« C'est pas politiquement correct, c'est ça qui te chiffonne ?! »

« Vous savez quoi ? Je vous aime pas ! »

1b) *Lisez le nuage de mots suivant.*

Regardez la bande-annonce encore une fois et attribuez les adjectifs aux citations de l'exercice a.

***2.** Vous avez reçu le mail suivant de votre ami de Strasbourg. Répondez-lui.*

Utlisez toutes les informations sur le film que vous avez déjà obtenues.

De : lucascmoi@freenet.fr
À : filmexperte2007@web.de
Sujet : Quel film ?
Salut ! Comment vas-tu ? Depuis trois jours, je suis en vacances. ☺☺ J'ai très envie d'aller au cinéma. Comme tu sais, je suis un grand fan de bons films français. Mais pour le moment, je n'ai aucune idée quoi regarder. Comme tu es spécialiste de tout ce qui sort au cinéma en Allemagne et en France, je voudrais savoir ce que tu me conseilles. J'ai entendu parler du « Brio », mais je ne suis pas sûr si ça vaut le coup[1]… Merci d'avance et à bientôt Lucas

1 ça vaut le coup – es lohnt sich

De : filmexperte2007@web.de
À : lucascmoi@freenet.fr
Sujet : Quel film ?
....
....
....
....
....
....
....
....
....
....
....
....

Module 2 : Pendant et après le visionnage

2.1 L'intrigue

1. Remettez les images du film suivantes dans l'ordre chronologique de l'histoire.

2. Pour chaque image, écrivez une phrase qui résume la situation représentée.

3. Décrivez le cadrage et la perspective de la caméra et analysez leur effet.

4. Que se passe-t-il dans la dernière scène du film ? Formulez une hypothèse.

N°		Contenu	Cadrage et perspective

	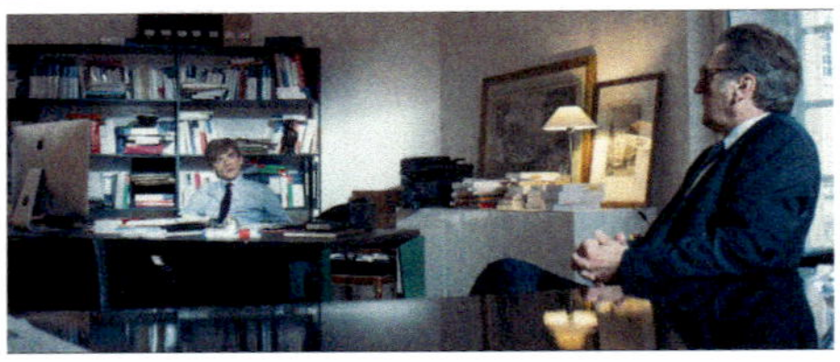		
	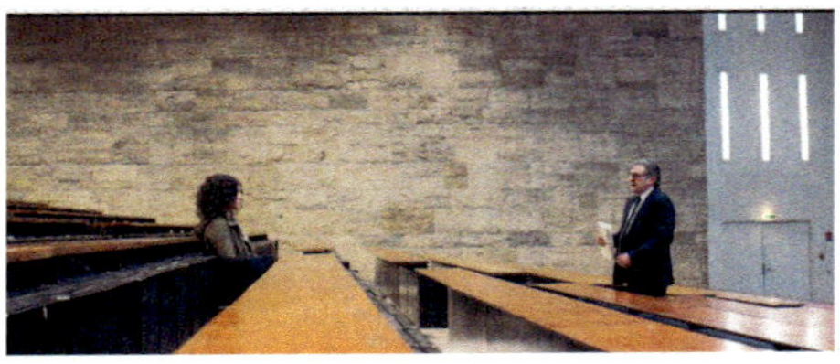		
	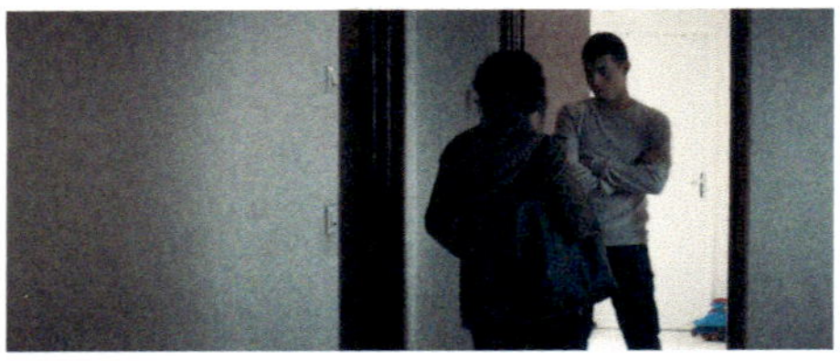		
	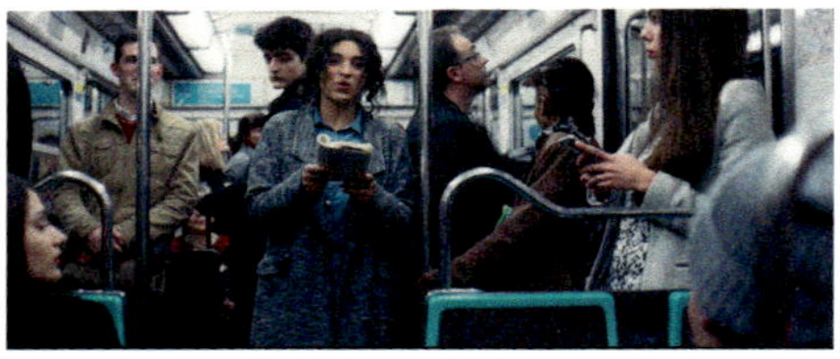		
	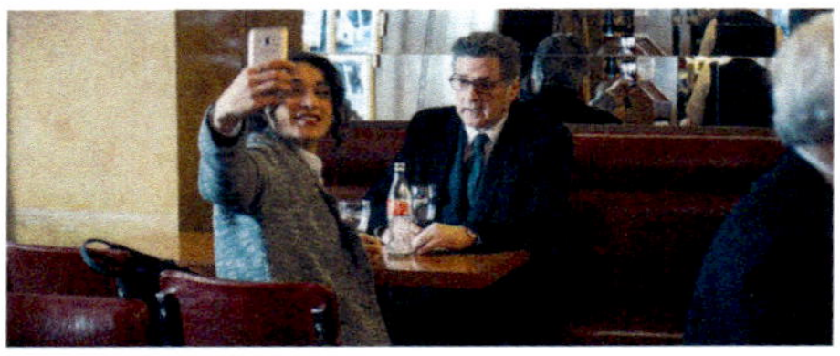		
	?		

2.2. Les personnages

→ Stratégie : Faire le portrait d'un personnage (p. 73)

1. Regardez le film et complétez le tableau.

	Neïla	Pierre	Mounir
Son rôle			
Son apparence physique			
Ses traits de caractère			
Son quotidien			

***2.** Comparez les vies de Neïla Salah et de Pierre Mazard. Quelles sont les différences et les similarités ?*

Les differences	Les similarités

***3.** Quel rôle joue l'origine des deux personnages dans leur situation actuelle ?*

....

....

....

....

2.3 Qui dit quoi ?

***1.** Regardez les citations suivantes. Associez les citations aux personnages du film (plusieurs citations peuvent être associées à la même personne.)*

Pierre – Neïla – Mounir – Benjamin – le président de l'université

« Tu me la présente au concours d'éloquence. »

« Je me suis rendue compte que j'étais pas à ma place. »

« Je jure de dire la vérité même si je mens comme je respire. »

« Ah, le complexe de persécution qui pointe. Typique. »

« Mais vous croyez quoi ? On n'est pas jugé sur son apparence, ou la manière dont on se présente au monde n'a pas d'importance. L'éloquence, la rhétorique, c'est précisément ça que je vais vous apprendre. Avoir raison, la vérité on s'en fout. »

« Toi tu deviens la star de la fac et lui, il a le droit de continuer à être un gros raciste. »

« Vous savez quoi ? Je vous aime pas. »

« Moi, je veux rien du tout de vous ! »

« Quand allez-vous vous débarrasser de votre accoutrement de banlieusarde informe ? »

« Je, je comprends pas comment vous en êtes arrivée là. Ramasser des déjections canines. Je comprends pas, vraiment. »

« Moi, la meuf [femme] que j'ai rencontrée, elle abandonne pas comme ça. »

« Je sais qu'un jour s'attachera à mon nom le souvenir de quelque chose de formidable. »

2.4 Un sociogramme des personnages

Analysez les relations entre les personnages du film. Pour cela, dessinez un sociogramme. Représentez de façon visuelle les relations et les conflits entre les personnages, ainsi que leurs émotions. Ajoutez également les événements décisifs lors du film.

Vous pouvez utiliser les symboles ci-dessous.

Flèches et symboles utiles :

Symbole	Signification	Symbole	Signification
————	relation familiale	♥	relation amoureuse
- - - - - -	relation amicale	- - - - ►	sentiments / émotions
———►	action	◄———►	opposition
ϟ	conflit / crise	✷	événement décisif

2.5 Neïla et Pierre

→ Vocabulaire : parler de relations (p. 54)

1. *Analysez l'évolution des relations entre Pierre Mazard et Neïla Salah : Quelles sont les différentes étapes de l'évolution de leurs relations ?*

2. *Indiquez sous forme d'une courbe l'évolution des relations entre Neïla et Pierre.*

3. *Décrivez chaque étape à l'aide d'un adjectif.*

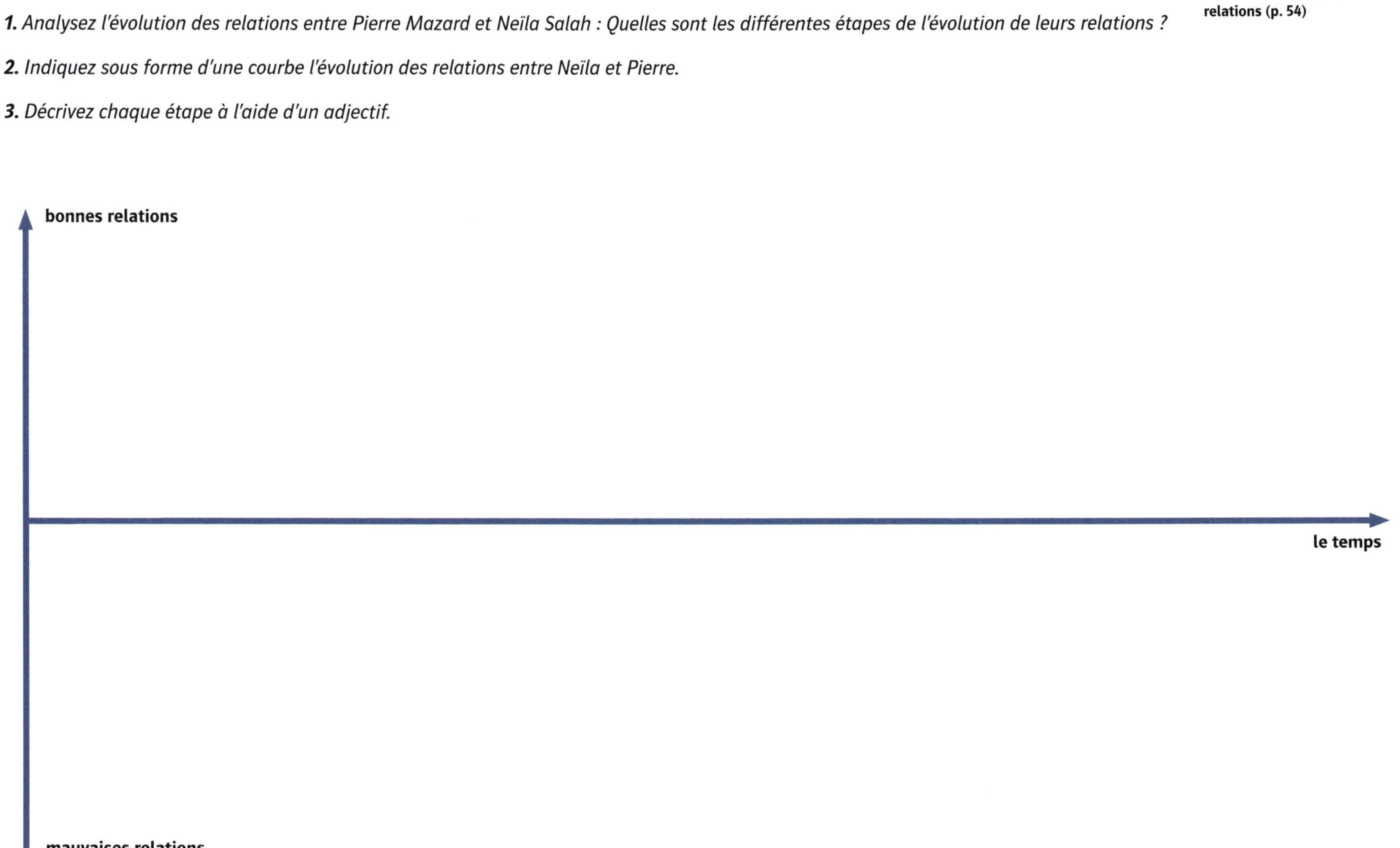

2.6 Neïla et Mounir

***1.** Regardez les deux scènes du film et prenez des notes.*

Code: **b2cdv3**

Scène 1 : Neïla dans son quartier

....

....

....

....

....

Scène 2 : Le déclaration d'amour de Mounir

....

....

....

....

....

***2.** Attribuez un emoji aux situations suivantes.*

1. Jeu loup-garou
2. Petite rencontre dans la banlieue
3. La déclaration d'amour de Mounir
4. Mounir chez Neïla, il faut qu'il quitte l'appartement de Neïla
5. La dispute
6. Neïla sonne à la porte de Mounir
7. L'avenir ?

3. *Indiquez sous forme d'une courbe l'évolution des relations entre Neïla et Mounir dans chaque situation de l'exercice 2.*

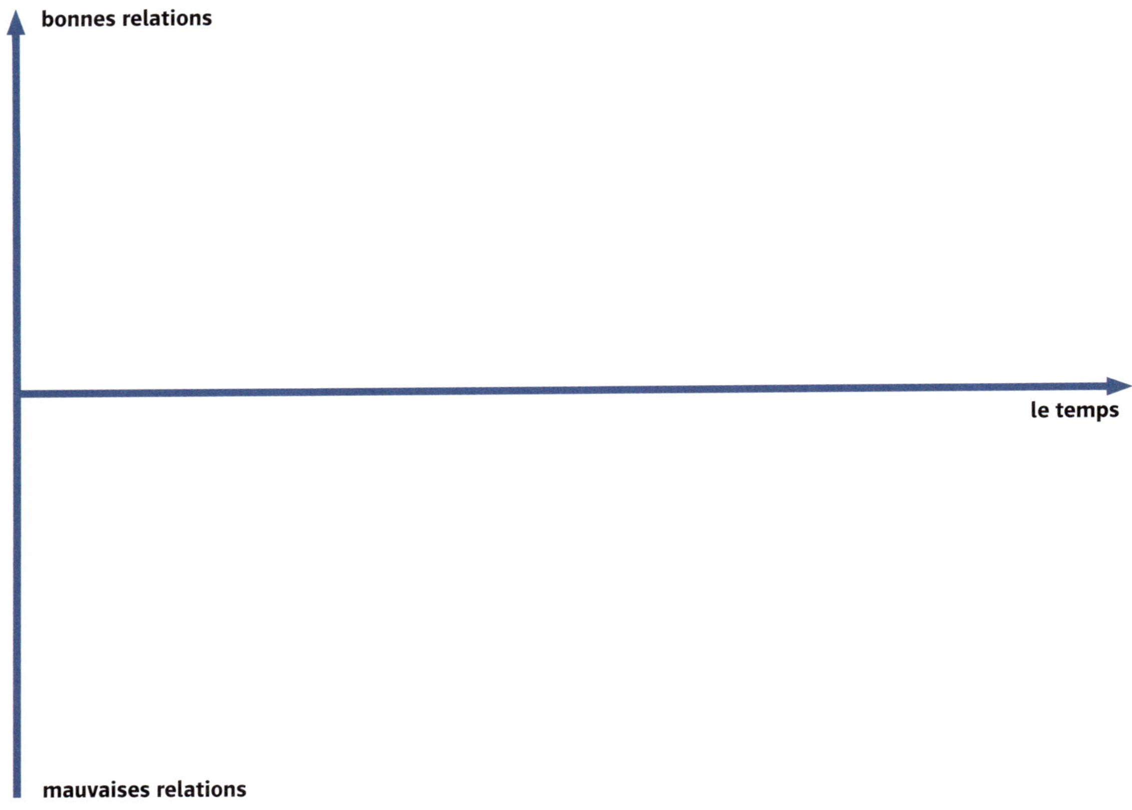

2.7. La fin du film

1. *Comment la vie de Neïla pourrait-elle se poursuivre ? Complétez le filet-à-mots.*

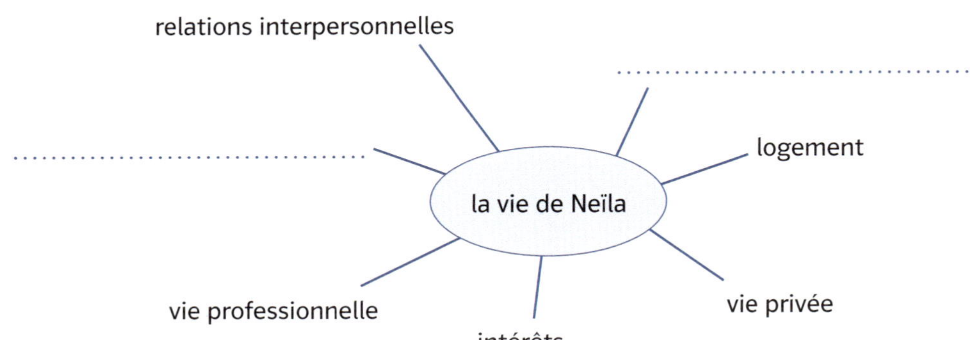

2. *Notez cinq questions que vous aimeriez poser à Neïla en ce qui concerne son avenir.*

....

....

....

....

....

....

3. *Regardez la dernière scène du film et prenez des notes.*

- Qu'est-ce qui se passe dans cette scène ?

- Que remarquez-vous ?

- Y a-t-il des surprises ?

- Comment Neïla se comporte-t-elle ?

Code: **b2cdv3**

....

....

....

....

....

....

....

....

....

....

....

....

....

....

....

....

....

....

....

....

2.8 Une interview avec Yvan Attal

***1.** Des jeunes fans de cinéma ont posté sur un forum Internet des questions à Yvan Attal, le réalisateur. Lisez leurs questions et ajoutez deux questions que vous voudriez poser vous-mêmes.*

1. Quel est le genre du film *Le Brio* ?

....

....

2. Avez-vous écrit le scénario tout seul ?

....

....

3. Comment avez-vous trouvé l'idée de tourner ce film ?

....

....

4. Quels étaient les sujets les plus intéressants concernant le film ?

....

....

5. Quelle scène est pour vous la plus forte ?

....

....

6. Vouliez-vous produire une comédie ?

....

....

7. Comment caractérisez vous votre film ?

....

8. Avez-vous un lien personnel avec le sujet du film ?

....

....

9. ....

....

10. ....

....

***2.** Lisez l'interview avec Yvan Attal et essayez de trouver les réponses aux questions que les jeunes ont posées. Soulignez les passages correspondants dans le texte.*

Une interview avec Yvan Attal

Quel a été le point départ de l'aventure ?

C'est un scénario que l'on m'a proposé, une comédie qui suivait une jeune fille un peu « garçon manque » dans sa cite : Elle rappe, joue au foot et se retrouve par hasard à la faculté d'Assas pour faire des études de droit. Il y avait un sujet qui m'intéressait. Non pas le garçon manqué, ni le foot et le rap en banlieue mais justement l'itinéraire d'une jeune femme qui refuse de rentrer dans ces cases pour avancer. Le film devenait pour moi, un peu moins « comédie » et d'ailleurs c'est une direction que je voulais prendre de manière générale en tant que metteur en scène. Les producteurs, Dimitri Rassam et Benjamin Elalouf, ont accepté de me suivre.

De quelle façon avez-vous voulu modifier le script de départ : que vouliez-vous en garder et que souhaitiez-vous y apporter ?

Il y avait dès le départ dans le scénario de Yaël Langman et Victor Saint-Macary, quelques scènes très fortes notamment les scènes de concours d'éloquence. En fait j'ai gardé ce qui me plaisait et me suis vite débarrassé du reste. Nous avons continué à travailler tous les trois pour restructurer, enrichir l'histoire, se concentrer sur ce qui m'intéressait, mais aussi élaguer, supprimer certains personnages, gommer un côté politiquement correct dont je n'avais pas envie : celui de la beurette qui s'entend avec tout le monde, qui a un petit copain juif, homosexuel, etc... En fait je me suis réapproprié le film. J'avais envie que cette commande devienne un film personnel. Puis, un autre scénariste, avec un œil neuf, Noé Debré, nous a rejoint pour remuscler certains moments. J'ai eu énormément de plaisir à travailler en groupe. Beaucoup moins angoissant que de travailler seul.

Vous parliez du ton de comédie du scénario d'origine, comment aujourd'hui qualifieriez-vous LE BRIO ?

C'est une « dramedy » comme disent les Américans ! Je trouve que c'est un film dans lequel on rit, principalement grâce aux dialogues mais qui nous touche et qui nous questionne... Sur le fond, je n'arrive pas à faire un film dans lequel il n'y pas de comédie, ça m'étouffe ! Peut-être qu'un jour je réaliserai un vrai drame pour que l'on me prenne au sérieux ! Plus sérieusement, justement, je dirais que LE BRIO est un film à la fois politique, social mais aussi léger, drôle avec de l'émotion autour d'un personnage, une Française d'origine algérienne, victime de la manière dont on enferme aujourd'hui les gens dans des catégories ou des a priori, mais victime également d'elle-même et de son entourage... En fait, je suis très proche de cette histoire : c'est un peu mon trajet en quelque sorte. Quand Camélia Jordana dit « Je suis Neïla Salah, née à Créteil, fille de... » Ça me renvoie à ma propre jeunesse, à la cité de Créteil où j'ai grandi, et au fait que le théâtre m'a donné la chance de m'ouvrir au monde, par le travail et la connaissance des textes. Il y a dans tout cela l'idée que nous devons faire l'effort de comprendre, et de faire le chemin vers le pays dans lequel nous vivons, de profiter de son héritage culturel et historique. Surtout le nôtre ! Grace à nos auteurs, nos philosophes, nous comprenons que nous devons penser par nous-mêmes, nous obligeant à nous questionner.

14 **élaguer qc** etwas kürzen – 15 **une beurette** ein in Frankreich geborenes weibliches Kind maghrebinischer Einwanderer – 24 **étouffer qn** jemanden ersticken

2.9. Analyser la bande-annonce

***1.** Comment devrait être une bonne bande-annonce ?*

....

....

....

....

***2.** Regardez encore une fois la bande-annonce de* Le Brio *et répondez aux questions ci-dessous.*

1. Quels sont les personnages qui sont présentés dans la bande-annonce et quels personnages n'y sont pas encore présentés ?
2. Quels aspects du film ne sont pas encore présentés dans la bande-annonce ?
3. Y avait-il des scènes dans le film qu'on n'attend pas avoir regardé la bande-annonce ?
4. Quelles scènes centrales du film se trouvent déjà dans la bande-annonce ?
5. Quelles scènes centrales du film ne se trouvent pas dans la bande-annonce ?
6. Quels sont les aspects que vous aimez dans la bande-annonce ?
7. Quels sont les aspects que vous n'aimez pas dans la bande-annonce ?

Module 3 : Au-delà du film – La banlieue

3.1 La banlieue – informations générales

→ **Vocabulaire : Parler de la vie en banlieue (p. 58)**

Créteil

À partir de années 1960, on a construit autour des grandes villes des quartiers neufs pour loger les ouvriers dans des appartements modernes et abordables. De très nombreux travailleurs immigrés, venus en France après la décolonisation, sont alors venus peupler ces nouveaux quartiers. Mais ces cités-dortoirs, faites de tours et de barres d'immeubles sont vite devenues des ghettos inhumains et stériles. Pendant les « Trente Glorieuses » (de 1945 à 1975), période de croissance et de plein-emploi, les pouvoirs publics n'ont pas fait grand-chose pour améliorer les conditions de vie des habitants de ces quartiers. Depuis les années 1990, la situation s'y est par conséquent dégradée. Aujourd'hui, ces quartiers en banlieue sont devenus un monde à part. Le chômage, la pauvreté et l'exclusion touchent une grande partie de leurs habitants. Le niveau scolaire y est souvent très faible, les chances de s'en sortir aussi. La toxicomanie y est courante, et la violence y est quotidienne : agressions, cambriolages, rackets et vandalisme font partie de la vie de ces cités. Les délinquants, souvent très jeunes, vivent de trafics et surtout du trafic de drogue. L'insécurité est grande. Dans certains quartiers, la police ne parvient plus à faire respecter la loi.
Comme les délinquants habitant ces quartiers difficiles ont souvent des racines africaines (Maghreb, Afrique subsaharienne), les sentiments de rejet et d'exclusion, qui sont en fait à l'origine du glissement de ces jeunes dans la délinquance, augmentent parmi le reste de la population française. Ces sentiments de rejet se traduisent par l'adhésion aux idées des partis politiques d'extrême droite. Pour les jeunes de ces quartiers défavorisés, qui se sentent discriminés et marginalisés, la tentation est forte de se tourner vers l'islamisme, Pourtant ce que voudraient les jeunes, c'est d'être intégrés dans la société au même titre que les Français de souche.

1. *Lisez le texte et complétez la frise chronologique sur la page suivante à l'aide du texte.*

Réfléchissez pour chaque catégorie aux questions suivantes :

- *Qui habite dans les banlieues ?*
- *Quelles sont les caractéristiques de la banlieue à cette époque ?*
- *Sont-elles déjà des quartiers problématiques ?*

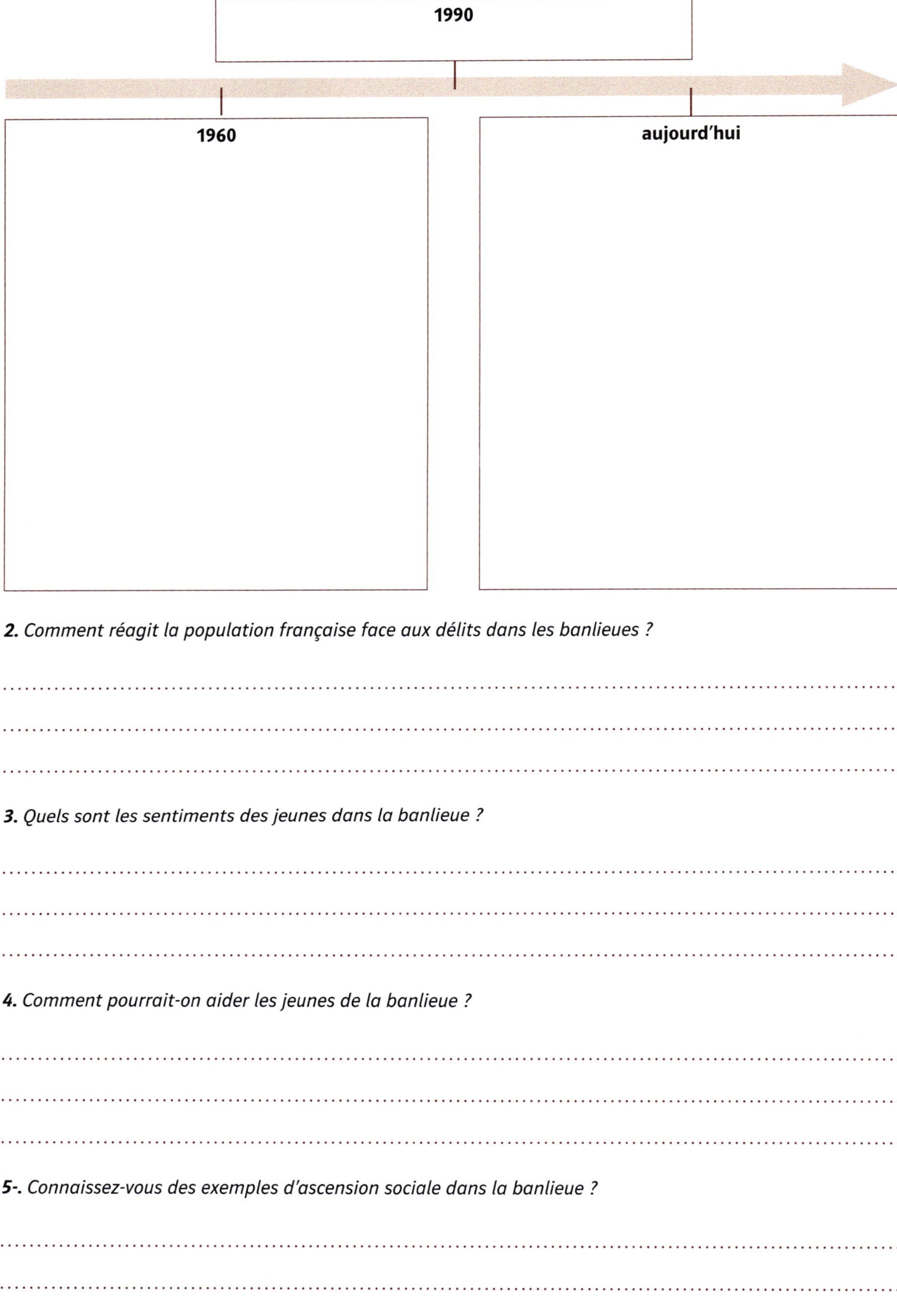

2. *Comment réagit la population française face aux délits dans les banlieues ?*

....

....

....

3. *Quels sont les sentiments des jeunes dans la banlieue ?*

....

....

....

4. *Comment pourrait-on aider les jeunes de la banlieue ?*

....

....

....

5-. *Connaissez-vous des exemples d'ascension sociale dans la banlieue ?*

....

....

....

3.2 La banlieue dans le film

1. a) *Regardez la séquence qui montre Neïla dans son quartier et complétez la collone gauche du tableau. Vous pouvez également ajouter d'autres aspects du film entier.*

Code: **b2cdv3**

b) *Quelles caractéristiques de la vie an banlieue ne sont pas montrées dans le film ? Complétez la colonne droite du tableau.*

Les caractéristiques de la vie en banlieue présentées dans le film	Les caractéristiques de la vie en banlieue pas présentées dans le film

2. *Dans une interview, le realisateur du film, Yvan Attal, parle de la maniere dont il voulait aborder le sujet de la banlieue dans son film.*
Lisez le texte.

Il y a plusieurs phrases fortes dans le film, notamment celle où Neïla dit à Mounir, son futur petit ami : « Ton rêve, c'était footballeur à 12 ans, rappeur à 14 et aujourd'hui c'est d'être chauffeur Uber… »
C'est un des clichés forts sur la banlieue, cliché entretenu par certains jeunes de ces quartiers : l'idée que la seule manière de s'en sortir, hier c'était le sport ou la musique et aujourd'hui, d'être chauffeur VTC [voiture de tourisme avec chauffeur] ! C'est encore plus sournois parce qu'au moins dans le foot et le rap, il y a un minimum de travail à fournir, de talent, de choses à prouver. La méritocratie, là où Uber annihile tout… Mais au moment où Neïla prononce cette phrase, Mounir de son côté lui reproche aussi sa naïveté à vouloir faire des études en croyant trouver du travail malgré le nom qu'elle porte… Je pense que les jeunes des banlieues sont aujourd'hui dans ce dilemme.
Votre manière de mettre en scène la banlieue est assez originale, loin des lieux communs qui y sont généralement attachés dans le cinéma français…
Je n'avais pas envie en effet de montrer la difficulté de vivre dans ces cités car tout le monde les connait et nous l'avons-nous-même ressentie en tournant sur place. Je voulais rester à distance de cela et montrer l'environnement du personnage de Neïla. Elle prend le métro pour aller à la fac, c'est son quartier, sa tour, sa mère, sa grand-mère, ses potes mais le vrai sujet du film est ailleurs.

6 **sournois** heimtückisch – 8 **la méritocratie** die Leistungsgesellschaft – 8 **anihiler qc** etwas zunichte machen

3. *Résumez le dilemme dans lequel se trouvent les jeunes de la banlieue dans le monde actuel selon Attal.*

....

....

....

4. *Décrivez quels aspects de la vie en banlieue Attal veut montrer dans son film et nommez ses raisons.*

....

....

....

5. *Décrivez quels aspects de la vie en banlieue Attal ne veut pas montrer dans son film et nommez ses raisons.*

....

....

....

6. *Trouvez des adjectifs qui décrivent l'état d'esprit de Neïla. Comment se sent-elle après la conversation avec Mounir ?*

Neïla voudrait réussir sa vie en faisant des études de droit pour devenir avocate, mais Mounir parle mal des projets de Neïla.

7. *Neïla veut reussir sa vie en faisant des etudes de droit pour devenir avocate, mais Mounir parle mal de ses projets.*
Résumez la position de Mounir.

....

....

....

8. Neïla réfléchit à ses études. Quels pourraient être les arguments pour continuer ses études et quels pourraient être ses craintes par rapport à ses études et son avenir ? Notez des idées sous forme de mots-clés.

ses arguments pour les études	ses craintes

Un Monologue intérieur

→ Stratégie : écrire un monologue intérieur (p. 68)

9. Après avoir parlé avec Mounir, Neïla réfléchit à ce qu'il a dit sur ses études. Elle récapitule les raisons pour lesquelles elle a commencé ses études, mais elle pense aussi aux difficultés qu'elle rencontre à cause de son origine de banlieue.

Rédigez son monologue intérieur.

....

....

....

....

....

....

....

....

....

....

....

....

....

....

....

3.3 L'égalité des chances I – statistiques

L'égalité des chances, jalon des politiques de jeunesse

[…] Malgré des réformes successives et de l'image longtemps entretenue de « l'école Ferry » garante d'un traitement égalitaire des élèves, le système scolaire français n'arrive pas toujours à diminuer les inégalités liées à la naissance des individus[…].

On observe une forte corrélation entre les résultats scolaires et l'origine sociale, et ce dès l'entrée en cours préparatoire, dans un sens défavorable aux enfants issus de familles modestes. Les enquêtes […], menées chaque année, permettent d'établir un panorama global du niveau des élèves, et constituent un outil robuste de comparaison, notamment selon l'origine sociale des élèves.[…]

Ces inégalités se propagent tout au long de la scolarité. […]

Le niveau de l'établissement scolaire se reflète fortement sur la réussite scolaire des enfants. Dans les 20 % de collèges les plus favorisés socialement, les taux de maîtrise des compétences fondamentales s'élèvent à 92,4 % pour le français et 82,7 % pour les mathématiques, contre respectivement 70 % et de 49,2 % dans les collèges les moins favorisés. Un écart comparable peut être constaté dans le cas des lycées. Dans les 20 % des lycées les plus favorisés, le taux de maîtrise est de 92,8 % en français et 90,9 % en mathématiques, soit deux fois plus dans les 20 % de lycées les moins favorisés (57,6 % et de 44,7 % selon les disciplines).

Plus généralement, les comparaisons menées dans le cadre de l'OCDE permettent de déterminer que la France est l'un des pays où l'origine sociale conditionne le plus fortement le parcours scolaire des enfants.

[…]Un rapport du Cnesco résume assez crûment la situation française : *« les disparités sociales se cumulent pour constituer des contextes d'apprentissages particulièrement peu favorables pour les élèves socialement défavorisés. Regroupés le plus souvent dans certains établissements « ghettos », du fait de phénomènes forts de ségrégations sociales, ces élèves se voient offrir des temps d'enseignement plus courts, des méthodes d'apprentissage moins efficaces, par un personnel moins expérimenté et surtout moins stabilisé dans les établissements. »* […]

Ces inégalités sont également très présentes au niveau infra régional. Le Cnesco a notamment mené des analyses à l'échelle des quartiers dans les trois académies d'Île de France. Les taux de réussite aux épreuves écrites du brevet y varient du simple au double : 57,5 % de réussite dans les territoires parisiens et de banlieue très favorisés et 24,3 % dans les territoires cumulant le plus de difficultés socioéconomiques, contre 42,8 % en moyenne pour la région Île-de-France dans son ensemble.

1 **un jalon** Meilenstein – 2 **la loie Ferry** rendait l'école primaire gratuit pour tout le monde – 16 **OCDE** Organisation de coopération et de développement économiques – 18 **Cnesco** Centre national d'étude des systèmes scolaires – 26 **le brevet** Schluabschluss nach dem collège

***1.** Élaborez les raisons pour les inégalités des résultats scolaires en France.*

***2.** Précisez quels élèves sont plutôt défavorisés.*

***3.** Analysez s'il y a une différence entre les inégalités au collège et au lycée.*

***4.** Expliquez les différences parmi les académies de l'Île-de-France en ce qui concerne la réussite scolaire.*

3.4 L'égalité des chances II – médiation

1. *Paraphrasez ces expressions allemandes en français.*

Schlechte Lernbedingungen und gesellschaftliche Benachteiligung

....

....

Die Sozialbauviertel gelten als Brutstätte von Kriminalität

....

....

Rechterhand jedoch ist Baustelle

....

....

Bürger zweiter Klasse

....

....

Schwierige Zustände an den Brennpunktschulen

....

....

Containerartige Fertigbauten

....

....

Der Nachholbedarf beim Thema Chancengleichstellung ist immens.

....

....

Politisches Bewusstsein wecken

....

....

Chancengleichheit in Frankreich

Brandbrief aus der Banlieue

Es geht um schlechte Lernbedingungen und gesellschaftliche Benachteiligung. Ein Le-Monde-Artikel von Schülern aus Épinay-sur-Seine nördlich von Paris hat in Frankreich eine Debatte über die Entwicklung der Vororte entfacht. Viele Jugendliche aus der Banlieue empfinden sich als Bürger zweiter Klasse. Die Sozialbauviertel gelten in Frankreich landesweit als Brutstätte von Kriminalität, Drogen und Gewalt. Auf den ersten Blick wirkt das Lycée Jacques-Feyder einladend. Halbversteckt hinter Bäumen stehen mehrere fünfstöckige Flachbauten. Linkerhand trennt eine hohe Hecke das Schulgelände von einem Plattenbau-Ensemble aus den 1970er Jahren. Rechterhand jedoch ist Baustelle. Ein Internatsbau wird hochgezogen, dahinter wurden containerartig Fertigbauten übereinandergestapelt: Die provisorischen Klassenzimmer. Denn seit letztem September wird die Oberschule rundum saniert, erzählt Leila Said auf dem Pausenhof. Die 16-Jährige, Tochter sudanesischer Einwanderer, will nächstes Jahr Abitur machen. Trotz der widrigen Umstände:

„Die Fertigbauten sind für den Unterricht nicht geeignet, sie sind so hallig, dass man kein Wort verstehen kann. Wenn die Sonne runterknallt, heizen sie sich auf. Zu Schuljahresbeginn waren wegen der Sanierung alle Toiletten dicht. Es hieß, wir sollten im Falle eines dringenden Bedürfnisses nach Hause gehen. Unter solchen Umständen zu lernen ist alles andere als normal. Wir haben das hingenommen. Das hätten wir besser nicht getan."

Franzosen zweiter Klasse?

Eine Erkenntnis, die Leila Said dem Schreibworkshop verdankt, den eine Lehrerin in diesem Schuljahr angeboten hat. Da entstand ein Text zum komplizierten Schulalltag, im Rahmen einer landesweiten Initiative des Kollektivs Solidarité Laique – ein Zusammenschluss von Gewerkschaften und mehreren Akteuren im Bildungsbereich. Im Workshop haben sie zu elft am Text gearbeitet, sagt Leila Said:

„Wir haben viel diskutiert und festgestellt, dass uns zweierlei miteinander verbindet. Wir sind französischer Staatsangehörigkeit und im Gymnasium. Letztendlich sprechen wir in unserem Text ein Grundsatzthema an: Wir in den Vorstädten haben geringere Bildungschancen als Gleichaltrige in Paris."

Öffentliche Studien untermauern dieses Bild von den schwierigen Zuständen an den Brennpunktschulen. Oftmals sind dort junge, unerfahrene Lehrer im Einsatz. Zudem gelten die Sozialbauviertel landesweit als Brutstätte von Kriminalität, Drogen und Gewalt. Den Jugendlichen aus Epinay-sur-Seine geht es somit nicht nur um den Ärger über einen Schulalltag mit Baustelle, sondern vor allem um ihre Chancen. Als Vorstadtbewohner mit Migrantenhintergrund fühlen sie sich stigmatisiert, degradiert zu Franzosen 2. Klasse. Und damit haben sie in Frankreich einen Nerv getroffen.

Seit der Veröffentlichung ihres Textes in der Zeitung Le Monde haben die Teenager Interviews in Radio, Fernsehen, Zeitungen gegeben und wurden spontan zu einer Veranstaltung in der Nationalversammlung eingeladen. Selbst Alain Canonne vom Kollektiv Solidarité Laique ist vom Echo überrascht:

„Viele Leute hat der Text sehr berührt. Ein Gewerkschaftsboss hat mir verraten, er habe beim Lesen geweint."

Ehrgeiziges Programm der Regierung

Zwar will die Macron-Regierung Kindern in Brennpunktvierteln bessere Startchancen geben, zum Beispiel mit kleinen Klassen von je 12 Kindern für die Schulanfänger. Dennoch bleibt der Nachholbedarf betreffs Chancengleichstellung immens. Der Schreib-Workshop jedenfalls hat bei Alissa Hezdjef politisches Bewusstsein geweckt:

„Es war anfangs sehr schwierig, in Worte zu fassen, was man uns mit den Bauarbeiten in der Schule zumutet. Und als uns das gelang, war es wie eine Ohrfeige. Da wurde ich stinksauer. Das Schreiben hat mir geholfen, damit umzugehen."

Den Glauben an die französische Republik hat Mitschülerin Leila Said nicht verloren: Sie will Grundschullehrerin werden. Bildung, sagt sie, sei das Wichtigste im Leben.

[543 mots]

2. *Lisez le texte en allemand et divisez le texte en plusieurs paragraphes. Notez pour chaque paragraphe une phrase en français qui le résume.*

....

....

....

....

....

3. *Rédigez une médiation :*

Votre correspondant/e vient d'une petite ville près de Paris. Après avoir lu l'article du Deutschlandfunk, vous voulez savoir ce qu'elle / il pense personnellement de l'égalité des chances dans les écoles françaises. Résumez brièvement ce que vous avez lu dans l'article ci-dessus.

À la fin de votre texte, réfléchissez à l'égalité des chances au niveau scolaire en Allemagne. Y a-t-il aussi un problème de discrimination de certains élèves ?

....

....

....

....

....

....

....

....

....

....

....

....

....

....

....

....

....

....

....

....

5. *Notez les aspects importants qui doivent faire partie de la médiation.*

L'aspect	dans le texte	partiellement dans le texte	pas dans le texte

6. *Corrigez la médiation de votre partenaire et cochez la bonne case.*

Si nécessaire, notez les aspects que votre partenaire a abordé dans sa médiation même si l'aspect n'est pas dans votre solution commune.

D'autres aspects de la médiation de votre partenaire :

....

....

....

Module 4 : Au-delà du film – le racisme et la discrimination

4.1 Le premier cour magistral de Neïla

1. Décrivez l'image et associez-la à l'histoire du film.

2. Trouvez l'ordre correct du dialogue. Inscrivez les numéros dans la colonne de gauche et notez la solution en dessous.

	E	Je vois bien que vous ne comprenez pas. En français on dit : « Je vous prie de bien vouloir m'excuser. »
	É	Et votre prénom ?
	R	Ce n'est pas inintéressant cette agressivité comme réponse à l'incompréhension. À en juger par votre civilité, mademoiselle, par votre sens de la ponctualité et de l'élégance force est de constater que vous avez décidé en ce premier jour d'enseignement supérieur de rendre hommage à l'institution et aux professeurs qui vous reçoivent ici. On est dans un amphithéâtre pas en sports-études. Vous êtes en retard.
	AC	Mademoiselle, s'il vous plaît, vous êtes… ?
	S	Ah, pardon. Neïla Salah.
	U	Non, vous ne comprenez pas ce que je dis. Votre nom ?
	R	Si je suis sérieux ?
	DE	Neïla. Mon prénom c'est Neïla et Salah, c'est mon nom. C'est plus claire là ?
	A	Oui.

	I	*Non ! Calmez-vous, s'il vous plaît. Vous subodorez, vous subodorez ! Je disais typique des étudiants de première année. Si j'avais dit typique de ces étudiants, comment dire, issus de la diversité, qui viennent pendant trois mois, avant d'abandonner leurs études parce que décidément, leurs profs sont trop méchants et les Français trop racistes, alors là oui, vous auriez pu m'accuser de racisme. Mais il n'en est rien. Vos accusations diffamatoires, vous pouvez vous les garder !*
	I	*Si, euh… excusez-moi.*
	C	*Oui, monsieur. Vous arrivez au milieu du cours et vous n'avez rien à me dire ?*
	S	*C'est un ordre ?*
	M	*Quoi ? Je comprends pas là.*
	A	*Un peu de polémique. Eh bien, je ne sais pas mademoiselle, je vous le demande, typique de quoi à votre avis ?*
	O	*Vous êtes sérieux là ?*
	D	*Ça va, je suis arrivée cinq minutes en retard, pourquoi vous vous acharnez sur moi comme ça ?*
	N	*Typique ? Typique de quoi exactement ?*
	C	*Je suis étudiante en première année.*
	E	*Arriver le premier jour en retard et en haillons en dit long sur votre motivation et vos inspirations, mademoiselle. Bon, on va pas non plus vous consacrer l'entièreté de mon cours. Je vous signale qu'il y a des personnes ici présentes qui ont envie d'étudier. Donc, reprenons.*
	R	*Je compte pas abandonner au bout de trois mois.*
	I	*Ah voilà le complexe de persécution qui pointe. Typique.*

Solution : _ _ _ _ _ _   _ _   _ _ _ _ _ _ _ _   _ _ _ _ _ _ _ _ _ _

3. *Analysez les sentiments et les pensées de Neïla pendant cette scène. Notez-les !*

→ **Vocabulaire : décrire des sentiments (p. 55)**

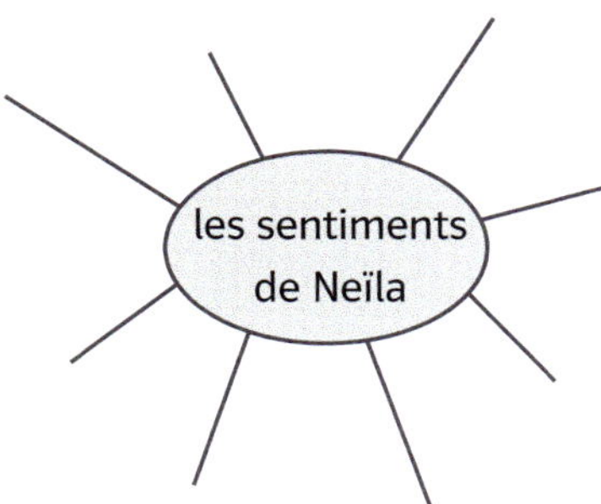

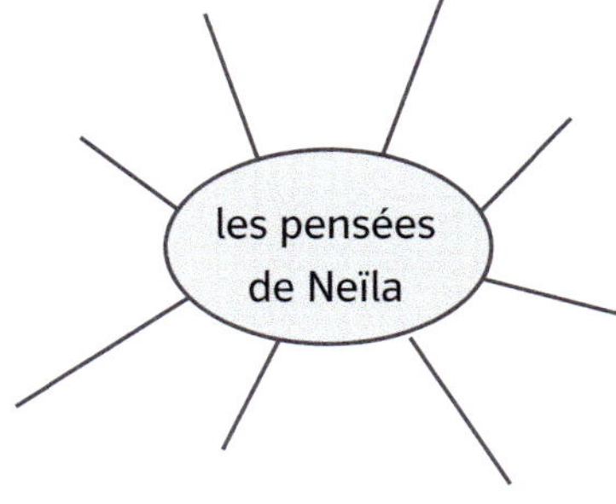

***4.** Après cette scène, Neïla récapitule la situation dans un monologue intérieur. Elle réfléchit à ce qui s'est passé et à comment elle a réagi.*

4.2 Benjamin

Code: **b2cdv3**

***1.** Regardez la séquence 4 et lisez le dialogue.*

Benjamin : On peut dire qu'il t'a pas loupée, hein ? Il t'a pas fait de cadeau.
Neïla : Tu vas continuer avec les synonymes et paraphrases toute la journée ou c'est bon, ça s'arrête là ?
Benjamin : Non mais franchement, tu peux porter plainte, sérieusement.
Neïla : Contre quoi ?
Benjamin : Tu as vu comme il t'a agressée. En plus, c'est facile, c'est nul, tu es la cible parfaite.
Neïla : La « cible parfaite », tu veux dire quoi là exactement ?
Benjamin : Non mais, tsss…
Neïla : Tss… non mais vas-y, va au bout de tes idées, mon grand.
Benjamin : Tu vois ce que je veux dire.
Neïla : Non, je vois pas ce que tu veux dire. Tu veux dire quoi ? J'ai pas eu la chance d'avoir un prof de solfège ou d'aller faire de la char à voile quand j'étais petite. C'est ça ce que tu veux dire ?
Benjamin : Non, c'est pas du tout ce que j'ai dit.

1 **louper qn** jemanden übersehen – 3 **porter plainte** Anzeige erstatten – 12 **le solfège** Musiklehre – 12 **le char à voile** Strandsegeln

2. *Exposez l'intention de Benjamin et indiquez les réactions de Neïla.*

L'intention de Benjamin :	**La réaction de Neïla :**

3. *Expliquez la réaction de Neïla.*

....

....

....

4. *Le soir à la maison, Benjamin réfléchit la situation à l'université. Il se sent coupable et veut arranger les choses. Alors, il envoie un texto à Neïla en expliquant son comportement. Il s'excuse auprès de Neïla. Écrivez ce texto.*

4.3 C'est quoi le racisme ?

***1.** Notez votre définition personnelle du terme « racisme ».*

***2.** Lisez la définition suivante et marquez tous les aspects de vos définitions personnelles en vert, marquez tous les aspects auxquels vous n'avez pas encore pensés en rouge.*

Définition à point :

Le racisme est un « système d'avantages ou de pouvoir » qui se fonde sur la création de catégories et leur hiérarchisation. Les membres du groupe majoritaire profitent de privilèges par le seul fait d'appartenir au groupe dominant dans la société. [...]

La discrimination raciale

La discrimination raciale est une des manifestations du racisme. C'est une inégalité de traitement fondée sur la race, la couleur de peau, l'origine, l'ethnie ou la religion. Elle se manifeste par une action ou par une omission.

Le processus qui mène à la discrimination raciale commence par la catégorisation. En effet, pour organiser et ranger les informations de notre environnement, nous créons mentalement des catégories. L'étape suivante consiste à lier des stéréotypes à ces catégories. [...] Les préjugés (découlent) se basent sur des stéréotypes, mais sont chargés émotionnellement. Cette émotion provoque une réaction qui peut conduire à des actes de discrimination. [...]

***2.** Reformulez votre définition afin d'avoir une définition complète.*

***3.** Décrivez le schéma ci-dessous.*

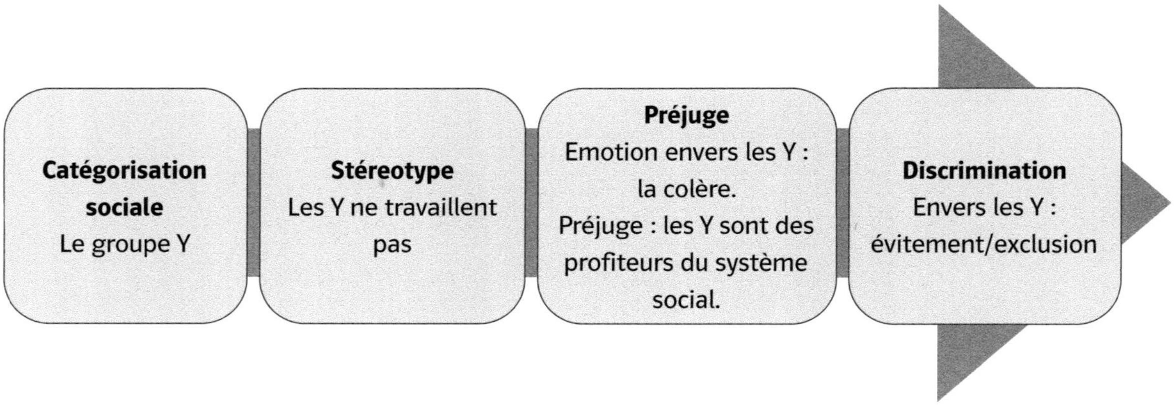

Catégorisation sociale
Le groupe Y

Stéréotype
Les Y ne travaillent pas

Préjuge
Emotion envers les Y : la colère.
Préjuge : les Y sont des profiteurs du système social.

Discrimination
Envers les Y : évitement/exclusion

***3a)** Essayez de comprendre d'où viennent les préjugés des personnes comme Pierre Mazard.*

4.4 Le racisme et l'auto-identification

Lisez l'extrait du livre Du racisme et des jeunes *d'Aurélien Aramini. Il a mené une enquête dans plusieurs écoles en France sur ce que les élèves et les adultes vivent et décrivent comme du racisme à l'école et les mesures antiracistes dans les institutions.*

Si le racisme se manifeste comme un type d'interactions conflictuelles entre des « groupes », comment ces groupes sont-ils constitués et pour quelle raison un élève appartient-il à tel ou tel groupe ?

[...] Tout d'abord, l'élève s'auto-identifie vis-à-vis des autres élèves, des professeurs et des militants associatifs comme appartenant à un groupe dont les relations conflictuelles avec un autre groupe constituent une des manifestations du racisme. [...] Aujourd'hui, un élève n'a pas (ou plus) besoin que le « Français » lui dise qu'il appartient à « la partie « arabe » » de la classe, selon Mélina [une élève interviewée], pour s'auto-identifier à ce groupe. Il ne s'agit pas d'une injure, mais d'une affirmation. Ainsi, lorsque je demande à Adem [un élève interviewé] qui s'est lui-même qualifié de « citoyen français d'origine algérienne » s'il se sent « français », « algérien » ou les deux à la fois, il répond : « Moi quand on me demande je dis plus « je suis algérien ». Parce que je suis fier de mes origines quand même. » [...]

Par ailleurs, envisager l'appartenance à tel ou tel groupe comme un phénomène d'assignation revient à considérer qu'il s'agit d'une identité infamante dont l'individu assigné chercherait à s'échapper. Or, les jeunes que j'ai rencontrés lors de mes entretiens ne se plaignent pas d'être considérés comme « arabes » ou « algériens ». Cette identité n'est pas vécue comme une identité inférieure, mais comme une fierté : ils se plaignent d'avoir un destin social plus difficile parce qu'ils sont discriminés comme « arabes » ou « algériens ». Par contre, ils ne veulent pas être vus comme des « français mais... », mais ils ne veulent pas non plus être considérés comme « français » tout court. [...] Enfin, il faut remarquer que dans le cadre scolaire, l'école tient justement un discours inverse et s'attache à faire comprendre aux jeunes qui se disent par exemple « plus marocains » qu'ils sont « français ». Ainsi Mme Manet, du collège Diderot, explique que l'opposition se manifeste clairement :

> « [L'élève]: « Vous les Français...! »
> – « Mais toi t'es quoi ? »
> – « Ben, moi, je suis marocain »
> – « Non, toi tu n'es pas marocain »
> – « Ben si »
> – « Non, ta carte d'identité, tu es bien français »
> – « Oui mais... »
> Alors, ça s'arrêtait là... Mais ce qui est évident c'est la position « je ne me sens pas français ». Il n'y a rien d'illégal, rien à dénoncer réellement, mais c'est dans le sentiment : « Je ne fais pas partie de la même communauté que vous ». »

Ce phénomène d'auto-identification est particulièrement visible lorsque les élèves arborent fièrement le maillot de leur équipe nationale – « les Turcs, ils viennent au moins une fois par semaine avec le maillot de la Turquie, les Algériens, c'est pareil », explique Jeanne au lycée professionnel Albert-Schweitzer. Farid Hakkar, directeur du conseil de développement au conseil général et président de l'association PFEP intervenant sur l'aire urbaine, fait le même constat : « On le voit bien, des jeunes qui ont grandi ici et quand vous parlez avec eux et que vous leur posez la question «comment tu te considères ? : une des premières choses qu'ils me disent c'est «je suis turc, marocain, algérien, tunisien» ».

2 **constitué** zusammengesetzt – 2 **appartenir à qc** zu etw gehören – 2 **tel ou tel** diese oder jene – 4 **un militant associatif** *ici :* Vereinsmitglied – 13 **une assignation** Zuweisung – 14 **infamant** niederträchtig – 14 **s'échapper** entkommen – 20 **un discours** *ici :* Diskussion

4.4.1a Compréhension écrite – A

Vrai ou faux ? Cochez la bonne case et justifiez votre réponse par une phrase du texte.

	vrai	faux
Les élèves se sentent intégrés dans des groupes qui ont régulièrement des conflits avec d'autres groupes. Justification:		
Les jeunes issus de l'immigration se sentent totalement français. Justification:		
Les jeunes issus de l'immigration sont fiers de leurs origines. Justification:		
Les jeunes issus de l'immigration savent qu'ils ont/auront plus de difficultés dans la vie. Justification:		
Ce qui compte pour les jeunes, ce sont les faits sur leurs cartes d'identité. Justification:		
Beaucoup de jeunes issus de l'immigartion ont envie de montrer leurs origines comme par exemple par leurs vêtements. Justification:		

4.4.1b Compréhension écrite – B

1. *Décrivez le phénomène de l'auto-identification.*

....

....

....

....

....

....

....

....

2. *Analysez dans quel mesure l'auto-identification peut renforcer le racisme dans la société.*

....

....

....

....

....

....

....

....

....

3. *À votre avis, pourquoi la nationalité joue-t-elle un tel rôle pour l'identité personnelle ?*

....

....

....

....

....

....

....

....

....

....

4.4.2 Un commentaire personnel

→ **Stratégies : écrire un commentaire personnel, p. 66**

1. Choisissez une des thèses suivantes. Puis, rédigez un commentaire personnel.

C'est la faute de la politique si les jeunes issus de l'immigration s'identifient plus avec la nationalité de leurs ancêtres qu'avec la nationalité française.

Il faut travailler sur une identité indépendante de nationalité et d'origine.

Être fier de ses origines est un signe de force et de courage.

Les auto-identifications décrites dans le texte représentent la première étape de racisme.

....

....

....

....

....

....

....

....

....

....

....

....

....

....

....

....

....

....

....

4.5 Le racisme – il faut en parler : Un article de journal

Benjamin a l'impression qu'il y a un problème de discrimination et de racisme à l'université Assas Panthéon de Paris. Il parle à son amie Floriane Meric qui vient de commencer des études de droit après avoir accompli ses études de journalisme. Benjamin l'a observée filmer l'éclat de Mazard lors du cours magistral. Il lui demande de rédiger un article de journal afin de gagner plus d'attention du public pour ce sujet important. Dans cet article, il est important d'expliquer ce que c'est le racisme et où on peut le retrouver au quotidien.

***1.** Rédigez cet article.*

2. *Évaluez l'article de journal.*

	👍	👉	👎
Tu as trouvé un titre intéressant et captivant.			
Tu as une bonne mise en page. Ton texte est bien structuré (introduction – partie principale – conclusion).			
Tu as travaillé avec des arguments et des exemples concrets. Ils sont logiquement enchaînés par des connecteurs variés.			
Au niveau de langue, tes phrases sont compréhensibles et correctes. Tu as utilisé des phénomènes grammaticaux différents.			
Tu as utilisé du vocabulaire thématique varié.			

Module 5: Au delà du film – l'éloquence

5.1 Le premier tour du concours d'éloquence

1. Notez la traduction allemande pour les mots suivants dans la colonne à droite.

l'habit	le vêtement	
le moine	un homme religieux qui habite dans un monastère	
le singe		
vêtu de pourpre	qui porte des vêtements de très haute qualité	
travestir	travestir	
le torchon		
la serviette		
le halouf	mot arabe/berber pour « le porc »	
la mini-jupe		
la pute	péjoratif pour une prostituée	
insulter quelqu'un	dire p.ex. « idiot » à qn	
naître	l'infinitif de « je suis né(e) »	
enfiler l'habit	mettre un vêtement	
se tenir droit	avoir une position correcte du corps	

Code: **b2cdv3**

2. Regardez la séquence 5, dans laquelle Neïla tient son discours lors du premier tour du concours d'éloquence.

« L'habit ne fait pas le moine ». Neila Salah et Jean Poutot débattent cet énoncé. Qui est pour et qui est contre ?

***3.** Analysez le langage du corps de Neïla et de Jean et prenez des notes dans les cases en bas. La banque de mots suivante peut vous aider.*

furieux/-euse – drôle – sûr/-e de lui/elle – clair/-e – énervé/-e – bien/mal organisé/-e – arrogant/-e – concentré/-e – nerveux/-euse – excité/-e – timide – bien/mal à l'aise – provocant/-e – blessé/-e – perdu/-e – troublé/-e – agressif/-ve – calme – …

Jean		Neïla
	⟷	

***4.** Élaborez les arguments et les exemples avec lesquels Jean et Neïla essayent de convaincre le jury. Prenez des notes sous forme de mots clés.*

Arguments de Jean	Arguments de Neïla
▸	▸
▸	▸
▸	▸
▸	▸
▸	▸
▸	▸
▸	▸

***5.** Expliquez pourquoi Pierre Mazard n'est pas content après le premier tour du concours.*

....

....

....

....

6. *En rentrant chez lui, Pierre repense à ce premier tour du concours. Rédigez son monologue intérieur.*

5.2 La grande finale personnelle de de Neïla

1. *Que pourrait dire Neïla sur Pierre Mazard à la fin du film ? Complétez les phrases dans les bulles.*

Pierre Mazard est .... dans le sens le plus froid et déplorable[1] du terme.

Il déteste ....

Je souhaite à tous les élèves du monde de ....

Je n'ai que le souvenir d'un homme qui ....

1 **deplorable** bedauernswert

__2.__ Lisez le discours de Neïla.

→ Vocabulaire: Les figures de style (p. 61)

Je me permets. Je me permets, surtout qu'il me semble que vous êtes réunis aujourd'hui pour parler de quelque chose qui me concerne. On est bien sur des histoires de Carte Orange, de Tabouret et d'Abdouramane, non ? Vous êtes tous réunis là, aujourd'hui, pour débattre de l'obscénité, supposeé ou non, et de la violence supposée ou non, du mot « tabouret » ? Par exemple. Je crois que j'ai mon mot à dire. [...] Je suis venue pour vous confirmer que vous avez devant vous l'être le plus abject jamais porté par la création. [...] Pierre Mazard est cynique dans le sens le plus froid et déplorable du terme. Il ne croit en rien, et certainement pas en lui. Il déteste l'époque. Il ne respecte rien, ni personne, et encore moins toute forme d'institution. Alors certes, il m'a accordé sa confiance, s'est armé de patience mais – c'est avant tout un ambitieux qui n'hésite pas à s'accommoder de petits arrangements de couloirs pour servir sa chapelle. Pierre Mazard est cynique donc. Peu importe qu'il ait fait preuve à mon égard d'une intelligence et d'une générosité que j'étais loin de soupçonner dans le corps d'enseignants. Peu importe qu'il soit l'incarnation de la dévotion et de la passion. Peu importe que je souhaite à tous les élèves du monde de croiser la route de quelqu'un comme lui. Et je ne vous parle même pas du fait qu'avec lui, tout rentre dans le champ des possibles. Qu'une petite banlieusarde ayant du mal à canaliser des émotions, en vient de représenter Assas au final du concours d'éloquence moins d'un an après avoir croisé sa route. Parce qu'au final, ce qu'on retiendra de lui, c'est la médiocrité et la vulgarité de ses cabotinages en amphi. On retiendra les Tabourets. J'aurais bien aimé vous dire que c'est un artiste de la transmission, d'un fouille-merde, d'un râleur, d'un homme de paradoxes plus que de préjugés qui m'a donné la faim au ventre et le diable au front, qui m'a donné les plus belles armes de paix sans

1 **se réunir** sich versammeln – 4 **suppose** mutmaßlich – 5 **un tabouret** Hocker, Schemel – 7 **abject** schändlich – 8 **déplorable** bedauernswert – 11 **s'accomoder** sich in etwas finden, sich abfinden – 14 **une générosité** Großzügigkeit – 15 **la devotion** Frömmigkeit – 17 **un champ** *ici :* Bereich – 20 **la médiocrité** Mittelmäßigkeit – 21 **la cabotinage** Affektiertheit

jamais me juger, grâce à qui je vais être à l'épreuve des balles sans jamais cesser de rester tendre. Mais je n'ai que le souvenir d'un homme qui n'a que les mots, trop de mots, ces mots qui ont abruti son cœur et étouffé ses derniers reliquats d'humanité. Et quels mots ! Tabouret ! Alors, à bas la bête immonde. Aux piloris ! Laissons des étudiants danser sur ses braises encore fumantes. Mais grâce à son apprentissage : « Je connais ma destinée. Je sais qu'un jour s'attachera à mon nom le souvenir de quelque chose de formidable. » Pierre Mazard m'a donné ça. À moi, Neïla Salah, habitant à Créteil, née le 13 juillet 1997, fille de Bouziane et Khadja Salah. Ses péchés ne sont pas expiables. Il faudrait être fou pour lui pardonner tout ça. Merci de votre attention.

26 **tendre** weich, zart – 27 **abrutir** *ici :* abstumpfen – 27 **étouffer** ersticken – 28 **Aux pilories !** Nieder mit dem schmutzigen Vieh. An den Pranger! – 29 **la braise** Glut – 33 **une péché** Sünde – 33 **expiable** sühnbar

Code: **b2cdv3**

3. *Regardez la séquence. Marquez les pauses stylistiques dans le texte. Puis, trouvez des paragraphes.*

4. *Analysez le discours de Neïla au niveau rhétorique. Marquez toutes les figures stylistiques que vous pouvez y trouver. Servez-vous des couleurs différentes.*

→ **Stratégie : analyser un discours (p. 70)**

5. *Rédigez une analyse du discours.*

5.3 Le concours d'éloquence national 2022

1. Regardez le discours d'Amévi Valérie Tete au concours d'éloquence international 2022.

2. Analysez ce discours au niveau rhétorique. Marquez toutes les figures stylistiques que vous pouvez y trouver. Servez-vous des couleurs différentes.

Une révolution peut-elle être silencieuse ? Négative

Il me faut aujourd'hui vous parler de la révolution sans rien en oublier.

Elle, qui n'importante pour la limite que la fin de l'humanité, elle est l'enfant de l'oppression et de la colère. Petite encore, elle nourrit du désespoir et de la misère au commencement, elle est une conscience maigre de l'injustice brusquement saisi par les peuples avec rage qui demande justice. Et c'est quand la situation devient intenable, l'oppression insupportable, la douleur inconcevable et l'injustice insurmontable. C'est quand la patience ne suffit plus, quand les cœurs ne peuvent plus, c'est quand l'espoir s'est tarie que le ciel est assombri. L'explosion est imminente et alors dans un bruit sourd la révolution éclate. Et son cri retentit dans toute l'histoire : Non ! La révolution ne peut jamais être silencieuse !

Alors, Mesdames et Messieurs, ne vous laissez point convaincre par les mots de mon camarade qui sont sans rendre compte, du moins je l'espère, cherché par ses propos à bâillonner cet éternel rebelle à la murée dans le silence et à terre son prix. Car soyons honnêtes, combien de révolutions silencieuses connaissons-nous ? Combien de révolutions silencieuses dans notre histoire ? Combien de soulèvement de peuple qui n'ont pas fait de bruit, qui n'ont pas explosé, qui n'ont pas réellement dérangé ? Combien ?

Et finalement, si ces révolutions n'ont pas fait de bruit, n'ont pas explosé, n'ont finalement pas vraiment dérangé, sont-elles réellement des révolutions ? Méritent-elles cette appellation ? La réponse nous semble toute naturelle, elle est à la négative, comme moi, ça tombe bien.

4 **brusquement** plötzlich – 4 **saisir** ergreifen – 6 **inconcevable** unvorstellbar – 6 **insurmontable** unüberwindbar – 8 **se tarir** versiegen – 11 **Ne . . . point** ganz und gar nicht – 13 **bâilloner** mundtot machen – 19 **mériter** verdienen

C'est une évidence, la révolution ne peut être silencieuse, la révolution est une femme brillante, bruyante, d'une beauté éclatante, d'une colère fracassante. Mais comprenez-moi bien. Car il est facile de tenter de la réduire à la violence, à affirmer que la révolution est bruyante, ne veut pas nécessairement dire qu'elle est semblante, qu'elle ne peut être conscience qu'elle ne peut être pacifique. C'est avec bruit et fracas que les suffragettes ont milité pour nos droits et non avec les armes et par le sang. Or, le silence quant à lui, est le pire des geôliers. Il emprisonne la parole des victimes et les enterre dans la honte. Il favorise, oublie ce n'est jamais le silence qui l'a rendue justice. Le silence étrangle les mots. Il efface les histoires, il étouffe le témoignage. Non, jamais, le silence n'a rendu justice. Alors, Mesdames et Messieurs, ne vous fiez pas à sa douce apparence, car quand il s'agit de se battre pour la justice, quand il s'agit de réclamer la liberté, quand il s'agit de faire advenir le changement, jamais le silence n'a été larmes des révoltes. Car dans la détresse, dans la misère et dans la colère seule la révolution vient à notre secours dans sa robe de fumée elle transforme les hommes en armes et elle est remplie de courage, les accompagne au combat. La révolution est une transformation, un bouleversement, un changement radical profond de la société. Et cette révolution ne se peut que par la parole. C'est quand les langues, enfin, se délient, quand les mots, soudain, avec force redémentissent, c'est quand la parole des victimes, enfin se libère et que leur histoire est mise en lumière. C'est quand leurs témoignages bruyants nous saisissent, quand leur douleur assourdissante nous meurtrisse à tel point qu'un changement véritable surgit là est la révolution.

Alors, non ! La révolution ne doit jamais être silencieuse. Car c'est quand la situation devient intenable, quand le silence devient insupportable, la douleur inconcevable et l'injustice insurmontable. C'est quand la patience ne suffit plus. C'est quand la parole ne s'exprime plus. C'est quand l'espoir s'est tari. C'est quand les cœurs sont assombris, l'explosion est imminente et la révolte dans un bruit sourd éclate !!

Discours de Amévi Valérie Tete au final du concours d'éloquence 2022

23 **fracassant** ohrenbetäubend, donnernd – 28 **un geôlier** Gefängniswächter – 29 **enterrer dans la honte** die Scham beerdigen – 36 **être rempli de qc** voll von etw sein – 41 **saisir qn/qc** jdn/etw ergreifen – 42 **meurtrir qn/qc** jdn/etw beschädigen, verletzen

→ **Stratégie : analyser un discours, p. 70**

***3.** Rédigez une analyse du discours.*

Parler d'un film

L'analyse d'un film	die Filmanalyse
un metteur / une metteuse en scène	ein Regisseur / eine Regisseurin
un cadreur / une cadreuse	ein Kameramann / eine Kamerafrau
se dérouler à	spielen in
un acteur / une actrice	ein Schauspieler / eine Schauspielerin
un personnage	eine Person
un rôle principal	eine Hauptrolle
un rôle secondaire	eine Nebenrolle
un effet sonore	ein Toneffekt
un effet spécial	ein Spezialeffekt
le cadrage	**die Kameraeinstellung**
le plan d'ensemble	 Totale
le plan moyen	 Halbtotale
le plan rapproché	 Halbnah
le gros plan	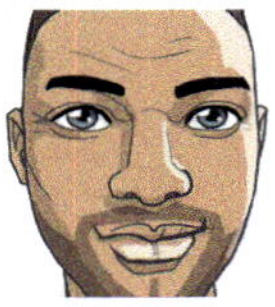 Nah
le très gros plan / le plan de détail	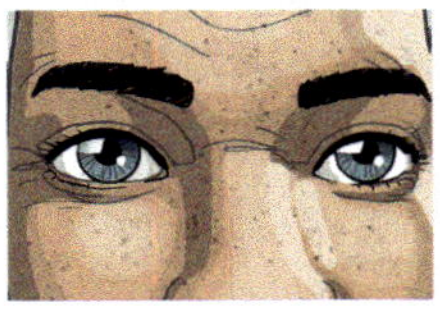 Detail
la perspective de la camera	die Kameraperspektive
la plongée	 die Vogelperspektive
l'angle normal / la perspective neutre	 die Normalperspektive
la contre-plongée	 die Froschperspektive

la camera subjective	die subjektive Kameraperspektive
le vol d'oiseau	die Vogelflug- Perspektive
le champ	die Über-die-Schulter-Einstellung
le contre-champ	die Gegeneinstellung
le mouvement de la camera Le plan fixe Le panoramique Le zoom	die Kamerabewegung Die statische Einstellung Die Panoramaeinstellung Die Zoom-Einstellung

l'analyse des fonctions des techniques de film	**die Analyse der Funktion der Filmtechniken**
créer du suspense / de la tension	Spannung aufbauen
réaliser un effet	einen Effekt realisieren
intensifier qc / renforcer qc	etwas verstärken
impressionner qn	jemanden beeinflussen
toucher qn	jemanden berühren
ponctuer qc	etwas unterstreichen
évoquer qc	etwas andeuten
servir à qc	zu etwas dienen
mettre en évidence qc	etwas deutlich hervorheben
diriger vers qc	auf etwas umleiten

l'analyse des dialogues	**die Analyse der Dialoge**
participer à la conversation	an einem Gespräch teilnehmen
parler clairement	klar und deutlich sprechen
parler calmement	ruhig sprechen
s'adresser à qn	sich an jdn wenden
la discussion tendue	die angespannte Diskussion
le débat	die Debatte
le tête-à-tête	das Gespräch unter vier Augen
le monologue intérieur	der innerer Monolog
la confrontation	die Konfrontation

Parler des relations interpersonnelles

un ami, une amie	ein Freund, eine Freundin
un copain, une copine	ein Freund, eine Freundin
un collègue, une collègue	ein Kollege, eine Kollegin
faire partie de qc	ein Teil von etw. sein
faire la connaissance de qn	die Bekanntnschaft mit jdm. machen
rencontrer qn → une rencontre	jdn. treffen/kennenlernen
s'entrendre (bien/mal)	sich (gut/schlecht) verstehen
soutenir qn → le soutien	jdn. unterstützen
coopérer avec qn → une coopération	mit jdn. zusammenarbeiten
aimer qn → l'amour	mögen/lieben
la tension	die Spannung
un conflit	ein Konflikt
une dispute	ein Streit
agresser qn → une agression	jdn. angreifen (physisch oder verbal)
une divergence d'opinion	eine Meinungsverschiedenheit
avoir une antipathie pour	eine Antipathie gegen jdn. haben
avoir une sympathie pour	eine Sympathie für jdn. haben
respecter qn → le respect	jdn. respektieren
un manque de respect	eine Respektlosigkeit
une insolence	eine Unverschämtheit
établir une relation	eine Beziehung aufbauen
la dépendance réciproque	die gegenseitige Abhängigkeit
l'influence réciproque	der gegenseitige Einfluss
se détendre → la détente	sich entspannen
maintenir une relation	eine Beziehung aufrecht erhalten
confier qc à qn	jdn. etw. anvertrauen
faire confiance à qn	jdn. vertrauen
La relation entre … et … est bonne chaleureuse familière harmonieuse profonde stable mauvaise tendue froide compliquée	Die Beziehung zwischen … und … ist gut warmherzig vertraut harmonisch tiefsinnig stabil schlecht angespannt kaltherzig kompliziert

Décrire des sentimens

Exprimer des sentiments à l'aide d'adjectifs

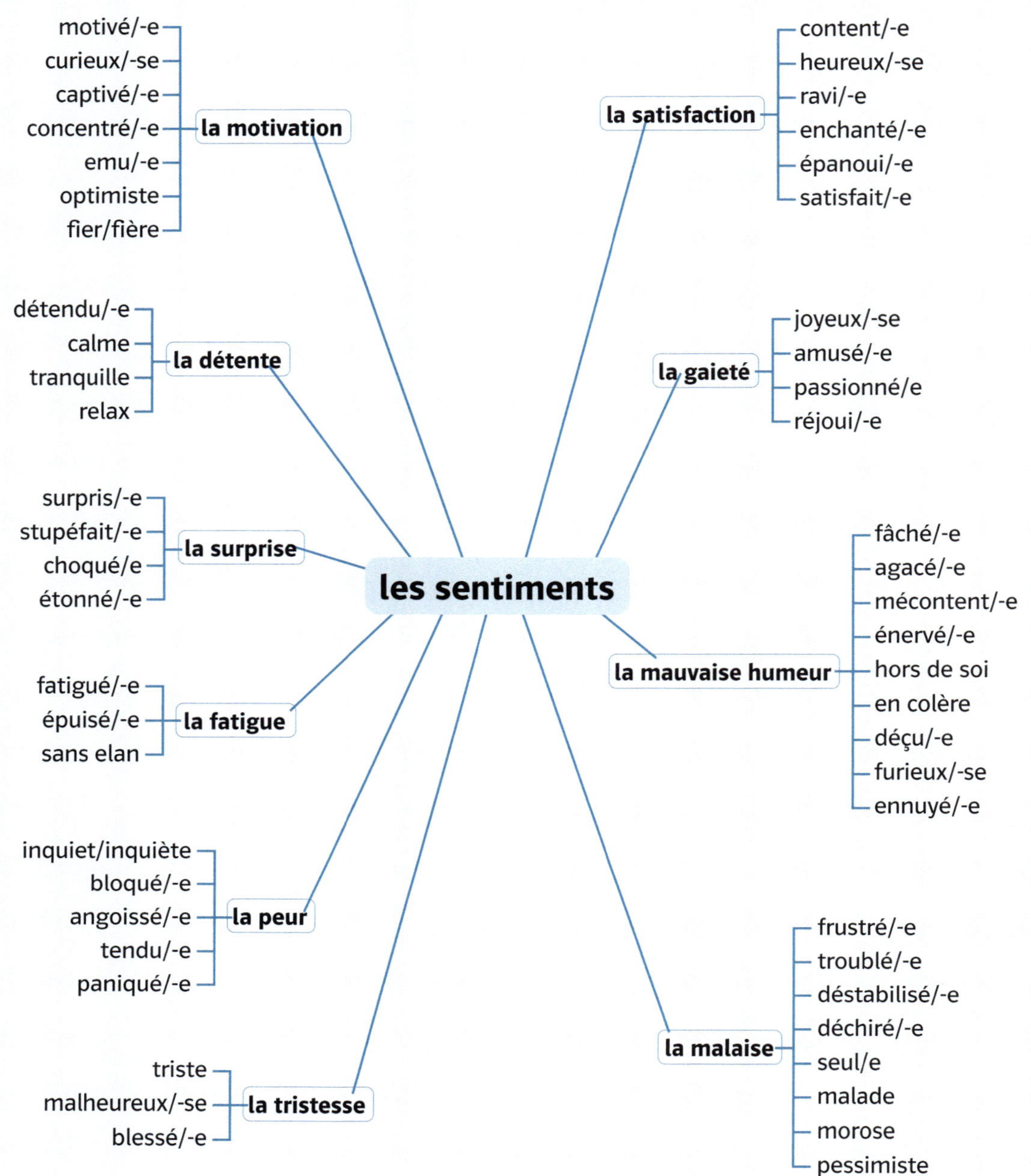

Exprimer des sentiments à l'aide de verbes

les sentiments négatifs:	les sentiments positifs:
craindre que (+ subj.)	espérer que (+ ind.)
détester qc.	souhaiter que (+ subj.)
s'inquiéter de qn/qc	adorer qc.
s'énerver contre/ après qc	admirer qc
	se réjouir que

Parler de son avenir professionel

la vie professionnelle	das Berufsleben
faire un stage	ein Praktikum machen
faire une formation	eine Ausbildung machen
un centre de formation professionnelle	eine Berufsschule
faire/poursuivre des études	studieren
étudier	studieren
suivre/prendre un cours	Unterricht haben/nehmen
suivre une formation continue	an einer Fortbildung teilnehmen
gagner de l'argent	Geld verdienen
le salaire	das Gehalt
le SMIC	der Mindestlohn
être bien/mal payé,e	gut/schlecht bezahlt werden
avancer	vorankommen
avoir des projets	Pläne haben
l'enseignement supérieur	Unterricht an der Universität
le 1er cycle	das Grundstudium
l'université	die Universität
le campus	der Campus
un amphi/un amphithéâtre	ein Hörsaal
un cours magistral (un CM)	eine Vorlesung
un concours	ein Wettbewerb
passer un concours	an einem Wettbewerb teilnehmen
passer un examen	ein Examen schreiben
gagner un concours	einen Wettbewerb gewinnen
s'inscrire à qc	sich in etw. einschreiben
la faculté, la fac	die Fakultät
une grande école	eine Elitehochschule
une épreuve écrite/orale	eine schriftliche/mündliche Prüfung
terminer ses études	sein Studium beenden
être ambitionné/-e	ehrgeizig sein
se porter candidat à/pour qc	für etw. kandidieren
coacher qn	jdn. coachen
la candidature	die Bewerbung
la responsabilité	die Verantwortung
atteindre qc	etw. erreichen

Parler de la vie en banlieue

un endroit	ein Ort
une banlieue	ein Vorort / eine Vorstadt
le boulevard périphérique	der Außenring von Paris
un quartier défavorisé	ein benachteilgtes Viertel
un quartier prioritaire	das benachteiligte Viertel, welches staatliche Förderung erhält
un ghetto / un bidonville	ein Ghetto / Slum
une zone urbaine sensible	eine soziale Brennpunktzone
ne pas avoir accès au métro	keinen Zugang zur Metro haben
un logement	eine Unterkunft
un immeuble	ein Gebäude
une tour	ein Hochhaus
un immeuble construit à partir d'éléments préfabriqués en béton	ein Plattenbau
un appartement	eine Wohnung
un HLM (habitation à loyer modéré)	eine Sozialwohnung
délabré / délabrée	heruntergekommen
une dégradation	eine Beschädigung
endommager	beschädigen
un habitant / une habitante	ein Einwohner / eine Einwohnerin, ein Bewohner / eine Bewohnerin
un banlieusard / une banlieusarde	ein Bewohner / eine Bewohnerin der Vorstadt
un immigré / une immigrée (de la deuxième génération)	ein Einwanderer / eine Einwanderin (der zweiten Generation)
une personne issue de l'immigration	eine Person mit Migrationshintergrund
être d'origine algérienne / africaine / ...	einen algerischen / afrikanischen / ... Ursprung haben
un marginal / une marginale / des marginaux	ein Außenseiter / eine Außenseiterin / Außenseiter
une beur / une beure(tte) (fam.)	ein Kind von Migranten aus Nordafrika
la société multiculturelle	die multikulturelle Gesellschaft
un délinquant / une délinquante	ein Straffälliger / eine Straffällige
un chômeur / une chômeuse	ein Arbeitsloser / eine Arbeitslose
un demandeur / une demandeuse d'emploi	ein Arbeitssuchende / eine Arbeitssuchende
les caractéristiques de la vie en banlieue	die Eigenschaften des Lebens in der Vorstadt
être isolé / isolée (de la société)	isoliert sein (von der Gesellschaft)
être éloigné / éloignée de	weit entfernt sein von
être exclu / exclue	ausgeschlossen sein
être intégré/ intégrée	integriert sein
être toléré / tolérée	toleriert werden
être solidaire	solidarisch sein
être xénophobe → la xénophobie	fremdenfeindlich sein

être au chômage → le chômage	arbeitslos sein
le soutien	die Unterstützung
l'aide (f) publique	die staatliche Hilfe
l'égalité des chances	die Chancengleichheit
l'échec (m) scolaire	der schulische Misserfolg
une mesure de sécurité	eine Sicherheitsmaßnahme
le vandalisme	der Vandalismus
la violence	die Gewalt
un / une victime	ein Opfer
la criminalité	die Kriminalität
un saccage	eine Verwüstung
une révolte	ein Aufstand
une émeute	eine Unruhe
la tension	die Spannung
le cercle vicieux	der Teufelskreis
le racisme	der Rassismus
un préjugé	ein Vorurteil

Parler du racisme et de la discrimination

l'immigration → immigrer	die Einwanderung → einwandern
le migrant / la migrante	der Einwanderer / die Einwanderin
l'émigration → émigrer	auswandern
la patrie	das Vaterland
la nationalité	die Nationalität
la double nationalité	die doppelte Staatsbürgerschaft
l'origine (f)	die Herkunft, die Abstammung
le pays d'origine	das Herkunftsland
issus/e de l'immigration	mit Migrationshintergrund
s'intégrer → l'intégration	sich integrieren
s'adapter → l'adaptation	sich anpassen
l'étranger (m), l'étrangère (f)	der Ausländer / die Ausländerin
la discrimination → discriminer	die Diskriminierung
le préjugé	das Vorurteil
l'hostilité (f)	die Feindlichkeit, die Feindseligkeit
le racisme	der Rassismus
le racisme ordinaire	der Alltagsrassismus
être raciste	rassistisch sein
être xénophobe	ausländerfeindlich sein
être homophobe	homophob sein
le racisme du quotidien	der Alltagsrassismus
l'injure (f)	die Beleidigung
être blessé(e)	verletzt sein
souffrir de quelque chose	unter etwas leiden
se défendre	sich verteidigen
la couleur de la peau	die Hautfarbe
classer quelqu'un	jemanden einsortieren, einordnen
distinguer les uns des autres	die einen von den anderen unterscheiden
inégal(e)	ungleich
défavorable	abfällig, ungünstig
réduire les inégalités	Ungleichheiten abbauen, verringern

Parler d'un discours

dire qc	etw. sagen
s'exprimer	sich ausdrücken
parler à/avec/devant qn	mit/vor jdm. sprechen
articuler	artikulieren, deutlich sprechen
bafouiller	nuscheln
baisser sa voix	seine Stimme senken
élever sa voix	seine Stimme erheben
un orateur, une oratrice	ein Redner, eine Rednerin
l'audience (f)	das Publikum, die Zuhörer
l'art (m) de (bien) parler	die Kunst des Sprechens
éloquent, éloquente à léloquence	redegewandt
argumenter → un argument	argumentieren → ein Argument
convaincre qn	jdn. überzeugen
adresser la parole à qc	jdn. ansprechen, sich verbal an jdn. wenden
passer la parole à qn	jdm. das Wort überlassen
un discours	eine Rede
soutenir une thèse	eine These verfechten
dévoiler qc	etw. enthüllen, offen legen
avoir recours à qc	auf etw. zurückgreifen
simplifier qc	etw. vereinfachen
exagérer qc → l'exagération	etw. übertreiben
se moquer de qc/qn	sich über etw./jdn. lustig machen
être hypocrite	heuchlerisch sein
un éloge	eine Lobrede
une figure de style	eine Stilfigur

Les figures de style

une métaphore	*La vie comprend des sommets et des vallées.*	eine Metapher
une métonymie	*Tu as risqué ta peau.*	eine Metonymie
une comparaison	*Elle s'est battue comme une lionne.*	ein Vergleich
une personnification	*Mon portable me réveille, il organise ma vie, il a une solution à tout.*	eine Personifizierung
une antithèse	*J'adore ce politicien compétent, je déteste cet homme arrogant.*	eine Antithese
un oxymore	*Ce silence assourdissant me rend fou.*	ein Oxymoron
une anaphore	*C'est une attaque, c'est un affront, c'est une injustesse !*	eine Anapher
une répétition	*C'est une faute, une faute grave.*	eine Wiederholung
un euphémisme	*Il a rendu le dernier soupir.*	ein Euphemismus
un parallélisme	*Il parle, mais elle n'écoute pas. Elle rêve, mais il ne comprend pas.*	ein Parallelismus
une ellipse	*Ma mère. Aimable, reconnaissante et humble.*	ein Ellipse
une question rhétorique/oratoire	*L'homme a-t-il le droit de prendre tout ce qu'il veut ?*	eine rhetorische Frage
l'ironie	*Une personne énervée par la bureaucratie de la France dit « Oh, j'adore toutes ces règles concrètes et détaillées de ce pays. »*	die Ironie

Écrire un texte

Unabhängig von der Textsorte, empfehlen wir für jede Textproduktion folgendes Vorgehen:

Vorbereitung:

1. Verschaffen Sie sich einen Überblick über die Aufgabenstellung.

- Welche Textsorte wird von Ihnen erwartet und was sind spezifische Eigenschaften der Textsorte?
- Wovon soll der Text handeln, an wen ist er gerichtet?
- Achten Sie auf ein entsprechendes Sprachregister!
- Nutzen Sie die Strategien zu den einzelnen Textsorten, welche sich hier im Heft befinden.

2. Sammeln Sie Ideen / Argumente / Beispiele / ...

- Notieren Sie sie in Form von Stichpunkten direkt in der Fremdsprache.
- Achten Sie auf einen geeigneten Themenwortschatz!

3. Planen Sie den Aufbau Ihres Textes.

- Bringen Sie Ihre vorbereitenden Notizen in eine logische Reihenfolge, sodass Ihr Gedankengang für den Leser klar nachvollziehbar ist.
- Achten Sie auf die sinnvolle Verwendung von Konnektoren!

4. Benutzen Sie entsprechende Sprachliche Mittel.

- Überlegen Sie, welche sprachlichen Mittel sich für die jeweilige Textsorte eignen und wie Sie diese sinnvoll einsetzen können.

Textproduktion:

- Führen Sie je nach Textsorte in Ihren Text bzw. in Ihr Thema ein.
- Achten Sie auf eine logische Reihenfolge und auf eine geeignete Textstruktur.
- Achten Sie auf Varianz im Wortschatz und in den grammatischen Strukturen.
- Nutzen Sie die Strategien und sprachlichen Mittel zu den einzelnen Textsorten.

Nachbereitung:

Inhaltliche Nachbereitung:

- Haben Sie die Aufgabenstellung erfüllt?
- Haben Sie die Eigenschaften der Textsorte beachtet?
- Haben Sie Ihren Text sinnvoll gegliedert?

Sprachliche Nachbereitung:

- Lesen Sie Ihren Text auf Rechtschreib- und Grammatikfehler durch. Achten Sie vor allem auf die korrekte Verwendung der Verbformen.
- Überprüfen Sie, ob Sie Ihre Abschnitte mithilfe von Konnektoren logisch miteinander verbunden haben.
- Überprüfen Sie, ob Sie angemessenes und abwechslungsreiches Vokabular verwendet haben.
- Überprüfen Sie, ob Sie variantenreiche grammatische Strukturen verwendet haben.
- Überprüfen Sie, ob Sie eine eigenständige sprachliche Leistung vollbracht haben.

Tipps zur Verbesserung Ihrer sprachlichen Qualität der Textproduktion:

- **Lernen Sie mithilfe von Modelltexten!**
  - Benutzen Sie Texte, die Sie im Unterricht behandelt haben und suchen schöne und abwechslungsreiche Redewendungen heraus.

- **Sammeln Sie Themenwortschatz!**
  - ▷ Erstellen Sie Vokabelblätter mit Ihrem persönlichen Themenwortschatz. Sie können diese als Vokabelliste aber auch als Mindmap anordnen.
- **Erweitern Sie Ihre Varianz im Wortschatz:**
  - ▷ Erstellen Sie Wortnetze mit Synonymen, beispielsweise unterschiedlichen Adjektiven, Adverbien, Verben, ...
- **Erweitern Sie Ihre Varianz im Ausdruck:**
  - ▷ Wiederholen Sie zunächst unterschiedliche grammatische Strukturen, wie den *Subjonctif*, den *Gérondif*, Konditionalsätze, ...
  - ▷ Nehmen Sie sich vor, wenn es zur Textsorte passt, beispielsweise mindestens einen *Konditionalsatz*, einen *Subjonctif*, einen *Gérondif* und unterschiedliche Zeiten zu verwenden, um abwechslungsreiche Strukturen zu erhalten.

Introduction *textsortenspezifisch (siehe folgende Seiten)*	
Donner des exemples et préciser Comme par exemple... C'est-à-dire... ...y compris Pour être clair... Je tiens à préciser... Je voudrais signaler que... Il faut surtout penser à ... Comme l'indique / comme le montre...	**Introduire des arguments** Je pense que / je trouve que... Tout le monde sait que... Comme argument, il y a... **Montrer les différences** bien que (+ subj.) malgré (+ subst.) pourtant / cependant
Les connecteurs en outre / de plus / par ailleurs / or ainsi que au début / d'abord / ensuite / après / puis premièrement / deuxièmement finalement bien que (+ subj.) malgré (+ subst.) pourtant / cependant / alors que d'un côté...de l'autre... d'une part...d'autre part... non seulement...mais aussi en conséquence / par conséquent pour cela ainsi / donc	**Exprimer un souhait / une idée / prendre une décision** Je voudrais / souhaiterais... J'attends que (+ subj.) Je pourrais... La semaine prochaine / à partir de maintenant, je (+ conditionnel / future simple) Et si je faisais / disais..., je pourrais... **Conclusion** Pour terminer... Pour résumer... Pour conclure / en conclusion La conclusion que l'on peut tirer de ce débat est que... En d'autres termes on peut dire...

Écrire une médiation

Eine Sprachmittlung ist die sinngemäße und adressatengerechte Übertragung von Informationen aus einem Text oder einem Hördokument in eine andere Sprache. Wichtig ist hierbei, dass es sich nicht um eine wörtliche Übersetzung handelt, sondern um eine Übertragung der wichtigen Informationen.

Es ist zu empfehlen, wie folgt vorzugehen:

1. Achten Sie auf die Aufgabenstellung.

- Welche Textsorte wird erwartet und welche Merkmale weist diese Textsorte auf?
- Wer ist der Adressat / die Adressatin?
- Achten Sie auf das entsprechende Sprachregister!

2. Bezieht sich die Sprachmittlung auf einen Text / ein Hördokument?

- Arbeiten Sie aus dem Dokument ausgiebig die wichtigen Informationen heraus, die für den Adressaten / die Adressatin wichtig sind und notieren Sie diese in eigenen Worten und legen das Ursprungsdokument zur Seite.

3. Berücksichtigen Sie gegebenenfalls kulturelle Besonderheiten.

- Falls kulturelle Besonderheiten erwähnt werden, müssen diese für den / die Adressaten/-in erklärt werden.

4. Beginnen Sie mit der Textproduktion in der Zielsprache:

- Leiten Sie den Text ein, indem Sie die Situation / den Anlass der Sprachmittlung in Erinnerung rufen.
- z.B. « Tu m'as demandé si j'avais été à l'université pendant le cours de Monsieur Mazard »
- z.B. « Le sujet de l'article est ... L'auteur parle surtout de... »

Tipps:

- Vermeiden Sie Wort für Wort oder Satz für Satz zu übersetzen.
- Paraphrasieren sie gegebenenfalls unbekannte Wörter.
- Wählen Sie einen adressatengerechten Sprachstil.
- Benutzen Sie keine indirekte Rede.
- Verbinden Sie Sätze und Absätze mit entsprechenden Konnektoren.
- Nehmen Sie sich ihre eigenen Stichworte her und schreiben Sie Ihren eigenen Text in eigenen Worten.

Écrire un article de journal

In einem Zeitungsartikel geht es um die Wiedergabe von Informationen und Ereignissen, die auf eine möglichst objektive Art und Weise dargestellt werden.

Es ist zu empfehlen, wie folgt vorzugehen:

1. Achten Sie auf die Aufgabenstellung.

- Welches Ziel / Thema hat der Artikel?

2. Für welche Zeitung / Zeitschrift wird der Artikel geschrieben?

- An wen richtet sich der Artikel? Achten Sie auf das entsprechende Sprachregister!

3. Bezieht sich der Artikel auf einen Text / ein Hördokument?

- Arbeiten Sie aus dem Dokument ausgiebig die Hauptaussagen und die Beispiele heraus und notieren Sie diese in eigenen Worten.

4. Sammeln Sie Ideen und Beispiele.

- Ordnen Sie die Struktur Ihres Artikels so an, dass Sie in jedem Paragraphen eine neue Idee mit Beispielen präsentieren.

Ein Zeitungsartikel hat folgende Struktur:

Titel:

- Der Titel soll die Aufmerksamkeit der Leser auf sich ziehen und gleichzeitig „kurz und knackig" sein.

Einführungstext:

- Stellen Sie im Einführungstext das Thema und die Hauptideen in ein paar wenigen Zeilen dar. In gedruckten Artikeln ist dieser Teil oft in fetter Schrift markiert.

Einleitung:

- Der erste Satz des Hauptteils soll das Interesse der Leser wecken. Dies können Sie mithilfe einer interessanten Frage zum Thema, einem Zitat, einem Wortspiel oder einem interessanten Ereignis erreichen.
- In den ersten Sätzen sollten Sie die W-Fragen beantworten.

Hauptteil:

- Präsentieren Sie in jedem Paragraphen eine neue Idee / ein neues Argument mit Erklärung und Beispiel.

Schluss:

- Fassen Sie die essentiellen Ideen zusammen und ziehen Sie eine Schlussfolgerung.
- Beenden Sie Ihren Artikel mit einer interessanten Idee oder Beobachtung.

! In einem Zeitungsartikel werden häufig grammatische Phänomene wie *subjonctif* und *phrases conditionnelles* verwendet. Achten Sie auf die korrekten Formen!

Écrire un commentaire personnel

In einem Kommentar muss auf die Aufgabenstellung geachtet werden:

Variante 1: Ein Thema soll erörtert werden. In diesem Fall kann die Fragestellung mit ja oder nein beantwortet werden. Vom Text wird erwartet, dass Argumente für und wider präsentiert, erklärt und abgewogen werden, um dann zu einem persönlichen Fazit zu gelangen.

Variante 2: Es soll zu einem Thema Stellung bezogen werden. In diesem Fall werden Argumente aus verschiedenen Bereichen verwendet, es werden aber keine Argumente gegen die These erwartet.

Es ist zu empfehlen, wie folgt vorzugehen:

1. Verschaffen Sie sich einen Überblick über die unterschiedlichen Standpunkte und Argumente, die es zu diesem Thema gibt. Sie können sie in Form eines Schaubildes festhalten.
2. Untermauern Sie alle Argumente mit Beispielen. Beispiele sind dazu da, Argumente zu belegen bzw. sie zu unterstützen. Beispiele können dem persönlichen Erfahrungsschatz entnommen werden.
3. Bilden Sie sich eine eigene Meinung und markieren Sie Argumente, die Ihren Standpunkt unterstützen.
4. Bringen Sie die Argumente inklusive Beispiele in eine logische Reihenfolge. Die wichtigsten Argumente werden an den Schluss gestellt.
5. Schreiben Sie im Präsens.

Aufbau eines Kommentars:

Einleitung:

- Schreiben Sie einen Einleitungssatz, in welchem Sie das Thema einführen.

  ...est l'un des grands problèmes de notre société.
  Le problème ... est une question qui intéresse surtout...
  Je vais donc prendre position / commenter de différentes opinions
  En ce qui concerne ce sujet, il y a deux attitudes / positions.

Hauptteil:

- Präsentieren Sie die Argumente mit Beispielen. Machen Sie immer deutlich, wessen Argumente Sie aufführen.
- Stellen Sie nun Ihren eigenen Standpunkt dar und begründen Sie ihn mithilfe von Beispielen.

Schluss:

Fassen Sie in einem Abschlusssatz Ihre eigene Meinung zusammen.

! In einem *commentaire* werden häufig grammatische Phänomene wie *subjonctif* und *phrases conditionnelles* verwendet. Achten Sie auf die korrekten Formen!

Écrire un courrier de lecteur

Ein Leserbrief hat immer einen konkreten Anlass. Er bezieht sich beispielsweise auf einen Artikel oder einen Kommentar in der Zeitung. Der Leserbrief möchte den Artikel entweder kommentieren oder zusätzliche Informationen nennen. In einem Leserbrief wird eine subjektive Meinung wiedergegeben.

Es ist zu empfehlen, wie folgt vorzugehen:

1. Lesen Sie den Ausgangstext ausgiebig durch und notieren Sie sich in Stichworten die Argumentation.
2. Untermauern Sie alle Argumente mit Beispielen. Beispiele sind dazu da, um Argumente zu belegen bzw. sie zu unterstützen. Beispiele können aus dem persönlichen Erfahrungsschatz genommen werden.
3. Bringen Sie die Argumente inklusive Beispiele in eine logische Reihenfolge. Die wichtigsten Argumente werden an den Schluss gestellt.

Aufbau eines Leserbriefs

Einleitung:

- Wenden Sie sich mit einer Grußformel an den Adressaten.
- Nehmen Sie in Ihrer Einleitung Bezug auf den Ausgangstext und nennen Sie Daten (Autor, Titel, Veröffentlichungsdatum).

> ...est l'un des grands problèmes de notre société.
> Le problème ... est une question qui intéresse surtout...
> Je vais donc prendre position / commenter de différentes opinions
> En ce qui concerne ce sujet, il y a deux attitudes / positions.

Hauptteil:

- Präsentieren Sie Ihre Argumente mit Beispielen. Diese sollten eine Position vertreten.
- Konzentrieren Sie sich in Ihrer Argumentation selektiv auf bestimmte Aspekte des Bezugstextes.
- Benutzen Sie ein entsprechendes Sprachregister.

Schluss:

- Fassen Sie in einem Abschlusssatz Ihre eigene Meinung zusammen.

! In einem Leserbrief werden häufig grammatische Phänomene wie *subjonctif* und *phrases conditionnelles* verwendet. Achten Sie auf die korrekten Formen!

Écrire un monologue intérieur

Ein innerer Monolog ist ein Selbstgespräch, welches in den Gedanken einer Person stattfindet. Eine Person stellt ihre Gedanken und Gefühle in einer bestimmten Situation zu einem bestimmten Zeitpunkt aus der Ich-Perspektive dar. Der innere Monolog ist einem Tagebucheintrag sehr ähnlich, er ist sehr subjektiv.

Stellen Sie sich zunächst folgende Fragen:

1. In welcher Situation befindet sich die Person?

- Was ist unmittelbar vor dem Moment des Monologs passiert?
- Welche Personen / Personenkonstellationen spielen in der Situation eine Rolle?
- Welchen Einfluss hat der gewählte Moment auf die zwischenmenschlichen Beziehungen?

2. Welches ist die Aufgabenstellung?

- Entscheiden Sie aus der Aufgabenstellung heraus, ob die betreffende Person in ihrem Monolog eine Entscheidung treffen muss bzw. welche Konsequenzen diese auf die weitere Handlung haben könnte.
- Überlegen Sie, welche Fragen sich die Person stellen könnte.
- Reagieren Sie als Einleitung auf das Ereignis, welches den inneren Monolog auslöst.
- Präsentieren Sie die Gedanken der Person aus der Ich-Perspektive.
- Die Person fasst am Ende eventuell eine Entscheidung.

3. Wie können Sie Ihren inneren Monolog sprachlich gestalten?

- Achten Sie darauf, dass trotz Gedankensprüngen und Gefühlsäußerungen die Regeln von Grammatik und Rechtschreibung nicht vernachlässigt werden dürfen.
- Verwenden Sie Adjektive zur Beschreibung von Gefühlen, *Subjonctif* zur Äußerung von Zweifeln etc., *Conditionnel* für eine mögliche Entscheidung am Ende, Konditionalsätze für Abwägung von Entscheidungen.

Hinweis: Zur Erweiterung des Vokabulars zum Thema „Gefühle äußern", siehe S. 55

Le début du monologue: Qu'est-ce qui m'est arrivé? Qu'est-ce qui s'est passé? J'ai un problème avec	**Expliquer quelque chose:** Peut-être que ... Il est possible que (+ subj.) Je me demande si / pourquoi... À mon avis... À cause de C'est pour cette raison que ...
Poser des questions: Qu'est-ce que j'aurais pu faire? Comment réagir ? / Où aller ? Faut-il vraiment que (+ subj.) ? Est-il possible que (+ subj.) ? Que faire maintenant ?	**Exprimer des sentiments:** Aimer / adorer / détester... Être en colère / triste S'inquiéter Je crains que (+ subj.) C'est étonnant que (+ subj.) Il est incroyable que (+ subj.)

Écrire un discours

Wer eine Rede hält, verfolgt immer dasselbe Ziel: überzeugen! Diese Überzeugungsarbeit findet auf zwei Ebenen statt. Dabei werden zum einen inhaltliche Aspekte berücksichtigt (These, Argumente, Beispiele), zum anderen wird die Sprache herangezogen (Satzlänge, Satzarten, rhetorische Stilmittel), um den Inhalt zu bestärken.

Daher ist eine Rede ähnlich wie ein *commentaire personnel*.

Um das Ziel der Überzeugung zu erreichen, ist zu empfehlen, folgende Aspekte zu beachten:

Achten Sie auf ein entsprechendes adressatengerechtes Sprachregister.

Benutzen Sie rhetorische Mittel, um Ihre Rede zu bereichern und Ihre Argumentation zu stützen. (siehe auch Vocabulaire : les moyens de style, p. 61

Eine Rede ist wie folgt aufgebaut:

1. Einleitung:

- Wenden Sie sich direkt an die Zuhörer/-innen und führen Sie in die Thematik oder das Problem ein.

2. Aufmacher:

- Stellen Sie eine kurze provokative Frage, nehmen Sie auf Aktualität Bezug o.ä.

3. Argumentation:

- Beschränken Sie sich auf wenige Punkte und untermauern Sie Ihre Argumente mit geeigneten Beispielen. Beispiele sind dazu da, um Argumente zu belegen bzw. sie zu unterstützen.

4. Schlussfolgerung:

- Formulieren Sie ein Fazit, welches Ihre Argumentation auf den Punkt bringt.

5. Abschlusssatz:

- Achten Sie darauf, einen geeigneten Abschlusssatz zu wählen.

Introduction Cher public / Mesdames et Messieurs / Bonjour à… Je profite de cette occasion de pouvoir prendre la parole afin de vous parler d'un sujet qui me tient à cœur.	**Accroche** Poser p.ex. une question directive / rhétorique…
Phrase finale Merci de votre attention. Je me tiens à votre disposition, n'hésitez pas à me poser des questions.	

Analyser un discours

Wer eine Rede hält, verfolgt immer dasselbe Ziel: überzeugen! Diese Überzeugungsarbeit findet auf zwei Ebenen statt. Dabei werden zum einen inhaltliche Aspekte berücksichtigt (These, Argumente, Beispiele), zum anderen wird die Sprache herangezogen (Satzlänge, Satzarten, rhetorische Stilmittel), um den Inhalt zu bestärken.

Die Herausforderung einer *analyse de discours* besteht darin, aufzuzeigen, wie diese beiden Ebenen ineinandergreifen. Wie kann das gelingen?

1. Besonderes Augenmerk auf den Anfang und das Ende einer Rede legen

Hier werden Thema, Anlass und die grundsätzliche Haltung des Redners in der Regel recht eindeutig formuliert.

2. Sprachstil und Sprachregister benennen

Diese Beobachtung bezieht sich meist auf die gesamte Rede und gibt Aufschluss darüber, wie der Redner von seinen Zuhörern wahrgenommen werden möchte und wie er zu ihnen steht.

3. Besondere Passagen unter die Lupe nehmen

Es ist nicht ratsam, zu jedem Satz einer Rede etwas zu schreiben. Stattdessen empfiehlt es sich, je nach Länge der Rede, zwei bis drei Passagen herauszugreifen und diese in die Tiefe zu analysieren: Welche Stilmittel wurden verwendet? Welche Aussage wird dadurch besonders betont? Spielen Emotionen eine Rolle? Was verspricht sich der Redner davon? Welche Reaktion wird auf diese Weise hervorgerufen?

4. Analysefazit formulieren

Angestellte Beobachtungen werden gebündelt und der Überzeugungserfolg wird eingeschätzt. Es kann ein Ausblick auf weitere (nötige) Überzeugungsarbeit angesprochen werden.

La forme et le contenu	**L'enjeu de la langue avec le contenu**
… a tenu un discours dans le cadre de… Il parle de… Elle a un point de vue claire Il remet en question Le discours est un plaidoyer pour / contre… Le discours s'adresse à…	Le locuteur attire l'attention par la partie… Pour concrétiser son argument en se servant du moyen rhétorique… Toutes ces questions rhétoriques qu'elle posent attirent la curiosité / l'attention de l'audience. Par ce moyen rhétorique, ce sujet obtient un côté… Le locuteur souligne le côté émotionnel de ce sujet en se servant d'exemples / …
La langue Elle a une rhétorique émotionnelle / agressive / combattive / dynamique / mauvaise / incertaine Le langage transmet un effet positif / négatif / triste / drôle / … Il se sert d'adjectifs, de moyens stylistiques / de phrases longues / … Elle fait référence à … Ce discours fait penser à une attaque contre / une valorisation / …	**Conclusion** Ce discours a été un succès / un échec. Comme il a … il (n')a (pas) pu convaincre l'audience. Finalement, on peut considérer le discours comme grand succès de conviction. À la fin, ce discours n'a pas pu convaincre tout le monde parce que …

Participer à une discussion

Informationen zur Methodik

Bei der Teilnahme an einer Diskussion ist das Wichtigste eine gelungene und fundierte Argumentation, welche durch Beispiele untermauert wird, aber auch die Gesprächsführung ist nicht zu vernachlässigen. Bereiten Sie sich daher gut auf die Diskussion vor

1. Sammlung von Argumenten und Beispielen:

Sammeln Sie Argumente und Beispiele für Ihren Standpunkt, welche Sie in der Diskussion verwenden können.
Je nach Sicherheit im spontanen Sprachausdruck können Sie die Argumente stichwortartig oder ausformuliert vorbereiten.

2. Verwendung von Redewendungen

Nutzen Sie die Zeit in der Vorbereitung auch, um sich Ausdrücke zurechtzulegen, um auf Argumente zu reagieren und Fragen zu stellen. So bereiten Sie sich auch auf die Gesprächsführung vor.
Denken Sie daran, dass es wichtig ist, auf die Argumente Ihrer Diskussionspartner einzugehen, diese zu untermauern oder auch zu widerlegen.

Exprimer une opinion Je pense / trouve / crois que … Je ne pense / trouve / crois pas que (+ subj.) Je sais / Je suis sûr / e que … À mon avis … Selon moi, … Il me semble que … Je suis pour / contre … L'avantage / L'inconvénient c'est que …	**Refuser / Contredire** Je ne suis pas d'accord avec toi. Je ne suis pas de ton avis. Tu as absolument tort. Tu as tort de dire que… Je suis contre parce que … Ce n'est pas possible parce que … (Bien) Au contraire ! Ah non, ce n'est pas vrai.
Introduire des arguments De plus / En outre … D'un côté … De l'autre … D'une part, … D'autre part … Non seulement … mais aussi… Donc, … / Par conséquent …	**Donner des alternatives** Au lieu de … on pourrait… Moi, je préférerais… À ta place, je (ferais)… Il ne faut pas oublier … Pourtant,… Cependant,… Tandis que … C'est pour cela que … /
Approuver Je suis d'accord avec toi / lui / … Tu as raison. Je partage ton avis / ton opinion. Je vois ce que tu veux dire. Il est vrai / juste / que…	**Préciser** Pour être clair… Je tiens à préciser… Je voudrais signaler que… Il faut surtout penser à …

Maintenir la discussion	**Conclure**
Pardon, qu'est-ce que tu as dit ? Tu peux répéter ton argument s'il te plaît ? Tu veux dire que … ? Qu'est-ce que tu en penses ? Tu es d'accord avec ce que … a dit ? Comment cela s'est passé exactement ? Qu'est-ce que cela veut dire ? Comment ? / Pardon ? Je n'ai pas compris ton / votre argument.	Pour terminer… Pour résumer… Pour conclure… La conclusion que l'on peut tirer de ce débat est que…

Faire le portrait d'un personnage

Das *portrait* sollte grundsätzlich im *présent* geschrieben werden. Ausnahmen sind gut möglich, wenn Bezug zur Vergangenheit oder Vorgeschichte einer Person genommen wird, dann wird ein Vergangenheitstempus verwendet.

Das *portrait* versteht sich als Mischung aus konkret herausgefilterten Informationen aus einem Text oder Film und aus Interpretationen bestimmter Text- bzw. Filmpassagen, die sich z.B. auf das Verhalten, die Lebenseinstellungen oder bestimmte Charakterzüge beziehen. Alle Aspekte sollten sich durch das vorliegende Material begründen lassen und durch Belege nachvollziehbar sein.

Es bietet sich an, eine Textstruktur zu wählen, die das *portrait* von „außen nach innen" bzw. vom „Konkreten zum Abstrakten" gestaltet:

1. Biographie

2. Äußere Erscheinung

3. Interessen

4. Zwischenmenschliche Beziehungen

5. Eigenschaften

<table>
<tr>
<td>La biographie
Le personnage dont je vais faire le portrait s'appelle…
C'est un enfant / adolescent / adulte de … ans
Il est d'origine… / Elle vient de…
Son frère aîné / cadet s'appelle…
Son père / sa mère / ses enfants s'appellent…
C'est une actrice connue
C'est une étudiante / un professeur d'université / …</td>
<td>L'apparence physique
Le personnage est petit / grand / mince / maigre / gros / joli
Il / Elle a les cheveux courts / longs / blonds / bruns / …
Il / Elle a les yeux sombres / clairs / marron / verts / bleus / …
Il / Elle a une voix forte / faible / mélodieuse / rauque / …
Il / Elle porte une barbe / une moustache / des lunettes / un pantalon / un costume / un manteau / un pull / …</td>
</tr>
<tr>
<td rowspan="2">Le caractère
Elle a l'air…
Sa façon de se comporter montre qu'il / elle est …
optimiste / énergique / aimable / sympathique / naturel(le) / spontané(e) / arrogant(e) / froid(e)</td>
<td>Les intérêts
Il adore aller à…
Elle déteste faire…
Il préfère…
Elle aime le théâtre / la lecture / les cours de …
Elle a rêvé de …
Il veut absolument …</td>
</tr>
<tr>
<td>Les relations sociales
C'est quelqu'un que les autres trouvent…
Elle s'entend bien / mal avec…
Il se met en colère quand…
C'est une personne avec laquelle…</td>
</tr>
</table>

Décrire une image

Eine Bildbeschreibung dient häufig als Vorbereitung oder Vorentlastung für die Arbeit mit einem anderen, meist komplexeren und dynamischeren Medium wie beispielsweise einem Text, einem Video oder einem Film. Manchmal soll mit einem Bildimpuls auch auf ein bestimmtes Thema verwiesen werden, welches es ohne weitere Medien zu besprechen gilt. Eine gute *déscription* ermöglicht es, sich vorab vertieft mit Einzelaspekten zu beschäftigen.

Es ist zu empfehlen, die *déscription* gemäß einer klaren Struktur anzugehen:

1. Welche Art von Bild liegt vor?

- Zunächst muss das Bildmedium konkreter benannt werden.

2. Was ist wo zu sehen?

- Anschließend erfolgt eine klassische Beschreibung, geordnet vom Offensichtlichen hin zum Detaillierten.

3. Was ist besonders/auffällig an diesem Bild?

- Anschließend ergänzt eine Analyse die Beschreibung, indem auf Besonderheiten eingegangen wird, beispielsweise auf vermeintlich unwichtige Gegenstände, auf eine besondere Farbgebung oder eine bestimmte Perspektive.

4. Was will das Bild erzählen?

- Schließlich mündet die *déscription, je nach Aufgabenstellung,* in einer Zusammenführung des bisher Beobachteten, indem versucht wird, es in einen allgemeineren Kontext einzuordnen. Es kann eine Art Interpretation des Bildes sein.

Introduction Sur l'image / la photo / le tableau / la peinture / la caricature / la capture d'écran / la planche de BD… …on voit / on peut voir / il y a / se trouve / on aperçoit / découvre / remarque	**Position** en haut ↔ en bas à l'arrière-plan ← au second plan → au premier plan au-dessus de ↔ en dessous de à gauche ↔à droite devant ↔ derrière à côté de / autour de / au milieu / au centre
Analyse On pourrait croire que … car On a l'impression que … parce que L'effet sur le spectateur est… / pourrait être… Je trouve impressionnant / curieux que + subj. Ce qui me plaît… / Ce qui attire mon attention particulière…	**Fin** L'image veut faire passer l'idée / le message Le message exprimé par l'artiste est…

Mes notes

Mes notes

Mes notes

Mes notes

Bildquellenverzeichnis
1 123RF.com (Svitlana Belinska), Nidderau; **2** 123RF.com (kornienko); **3** 123RF.com (heinteh); **4** 123RF.com (Tarzhanova); **5** 123RF.com (lesnnik); **6, 11.3** © David Koskas; **7, 9** © David Koskas; **11.1** © David Koskas; **11.2, 34** © David Koskas; **11.4** © David Koskas; **11.5** © David Koskas; **12.1** © David Koskas; **12.2** © David Koskas; **12.3** © David Koskas; **12.4** © David Koskas; **12.5** © David Koskas; **23** Adobe Stock (ingirorhaun), Dublin; **40,41 123RF.com (luzitanija)**

1. Auflage 1 $^{5\,4\,3\,2\,1}$ | 2026 25 24 23

Sicherheit und Datenschutz
Wir weisen darauf hin, dass die in der vorliegenden Unterrichtshandreichung genannten Apps und Internet-Inhalte (außer unseren Webseiten www.allango.net und www.klett-sprachen.de) nicht vom oder für den Verlag Ernst Klett Sprachen GmbH entwickelt oder bereitgestellt wurden. Die Nutzung im Unterricht liegt in der Verantwortung der jeweiligen Lehrkraft. Selbstverständlich haben die Autorenschaft und die Redaktion die Angebote zum Zeitpunkt der Veröffentlichung gesichtet und geprüft, aber digitale Inhalte (Apps und Online-Angebote) sind in weit stärkerem Maße als die eigentlichen Lehrwerkstexte einem rasanten Wandlungsprozess unterzogen. Apps ändern ihre Geschäftsmodelle und AGBs, Internetressourcen sind nicht mehr aufrufbar oder wechseln den Betreiber. Wir bitten Sie daher, vor dem Unterrichtseinsatz die vorgestellten Anwendungen und Inhalt noch einmal zu prüfen.

www.klett-sprachen.de

Autorinnen: Lena Holländer, Annemarie Mensch

Redaktion: Elena Bergmann
Layoutkonzeption: Sabine Kaufmann, Andreas Drabarek, Greta Gröttrup
Gestaltung und Satz: Satzkasten, Stuttgart
Umschlaggestaltung: Andreas Drabarek
Titelbild: © David Koskas
Druck und Bindung: Plump Druck & Medien GmbH, Rolandsecker Weg 33, 53619 Rheinbreitbach

Printed in Germany

ISBN 978-3-12-598463-9